PEINDRE LE *Ciel*

DE TURNER
À MONET

L'inventaire   MUSÉE-PROMENADE
MARLY-LE-ROI /LOUVECIENNES

Au début du XIXᵉ siècle, Turner, Constable et Bonington cherchent à saisir les jeux de la lumière et des effets atmosphériques, les perspectives où eau et ciel finissent par se confondre. Ils nous laissent des évocations poétiques de soleils éphémères, de pluie, de nuages ou d'orages. Leur influence sur la peinture de paysage est indéniable. Bientôt, de nombreux artistes, anglais et français, entreprennent de « peindre le ciel ». Ils trouvent souvent leur inspiration sur les bords de Seine, aux environs de Bougival et de Saint-Germain, de Marly aussi où, depuis le pavillon royal, on pouvait contempler les reflets du ciel éternellement changeant dans les pièces d'eau. Le Musée-Promenade témoigne encore, malgré la disparition du château, du romantisme de ce site.

Après une exposition très remarquée sur Madame du Barry, le Musée-Promenade a voulu repousser encore les frontières de son parc. Notre conservateur, Christine Kayser, a imaginé et conçu cette exposition de dimension internationale : « Peindre le Ciel ... de Turner à Monet ». Il m'est impossible de la remercier assez pour le travail qu'elle a accompli dans l'élaboration du catalogue et de l'exposition. J'exprime également toute ma reconnaissance aux responsables des musées anglais et français dont la collaboration nous a permis de réunir les oeuvres exposées.

Je laisse à Christine Kayser le privilège de remerciements mérités, mais je tiens, pour ma part, à remercier très chaleureusement Messieurs les Maires de Louveciennes et de Marly-le-Roi sans le soutien desquels cette exposition n'aurait pas été possible. Le musée est l'heureux résultat de leur étroite collaboration et son succès grandissant, le témoignage de cette complicité.

Caroline de Bailliencourt
Présidente du Syndicat Intercommunal pour le musée

PEINDRE LE *Ciel*

DE TURNER À MONET

8 avril – 9 juillet 1995

MUSÉE-PROMENADE
MARLY-LE-ROI / LOUVECIENNES

Préliminaires

CHRISTINE KAYSER

En juin 1993, Andrew Wilton me proposait très généreusement d'exposer les aquarelles de Turner sur Marly, au Musée-Promenade où j'allais être nommée conservateur. En contemplant ces vues de la Seine, aux couleurs éblouissantes, j'ai renoué avec la révélation que fut ma première découverte de Turner, en 1979. Je crois avoir vu, alors, ces aquarelles en plein soleil. Leur intensité, leur lumière, se sont imprimées dans ma mémoire. De ces lavis bleus, sur lesquels Turner a posé quelques touches de gouache à la pointe du pinceau, pour évoquer un poisson dans l'eau, je garde le souvenir d'une intense émotion artistique.

Au Victoria et Albert Museum j'ai vu les études de ciel de Constable et celles de Turner, d'une similitude parfois confondante. J'ai admiré aussi les vues de plages avec de vastes ciels peintes par Cox en 1850, et j'ai été frappée de leur proximité avec l'œuvre de Boudin. Il m'a semblé alors que la fascination de ces peintres pour le ciel, l'eau et la diffusion de la lumière dans les masses vaporeuses des nuages était un élément essentiel à la compréhension de leur travail. Le hasard a voulu qu'au même moment des œuvres du Musée de Lille soient exposées à la National Gallery : un tableau de Sisley, une vue de Port-Marly dans la brume, si proche de ce que je venais de voir chez Turner par la diffraction de la lumière dans l'atmosphère froide d'un petit matin, que j'ai voulu reposer la question des liens de Turner avec l'impressionnisme.

Ma recherche m'a conduite à redécouvrir que les artistes du continent avaient eu de multiples occasions de rencontrer des artistes anglais : Salons, Expositions Universelles, voyages, amitiés communes.

Si les démarches de ces artistes diffèrent du point de vue philosophique, elles sont parallèles sur le plan plastique : même sensibilité à la couleur diffractée par la vapeur et la fumée chez Turner et Monet, même fascination pour les nuages chez Constable et Sisley, Bonington et Isabey. La peinture anglaise est à l'origine d'une nouvelle école de paysage fondée sur une observation à la fois scientifique et passionnée de la nature, et ce pour deux raisons : les Anglais se sont toujours intéressés aux effets atmosphériques ; par ailleurs, l'absence, chez eux, au XVIIIe siècle, d'une peinture nationale forte, les contraint à rechercher l'originalité.

Cette nouvelle approche du paysage, apparue en Angleterre au tout début du siècle, fait écho à l'analyse du portrait effectuée par Diderot en 1757 : « L'expression est en général l'image d'un sentiment »[1]. Les études de ciel, *chief organ of the sentiment*, expression principale des passions selon Constable, les vues de Seine de Turner « peintes, dirait-on, avec de la vapeur colorée »[2], nous guident dans la compréhension de la peinture de paysage de 1820 à 1880. C'est une peinture de l'espace et de la contingence, décrite par ces mots de Paul Valéry : « Ciel et mer sont les objets inséparables du plus vaste regard ; les plus simples, les plus libres en apparence, les plus changeants dans l'entière étendue de leur immense unité »[3].

Grâce à la très grande générosité des musées qui se sont associés au projet, cette exposition permet des rapprochements à mes yeux nécessaires.

Je veux donc exprimer ici ma reconnaissance aux responsables, directeurs et conservateurs des musées prêteurs, plus particulièrement à ceux de la Tate Gallery, du Victoria et Albert Museum et du Musée du Louvre, ainsi qu'aux collectionneurs privés.

Arnauld Bréjon de Lavergnée a accepté, malgré les contraintes de la réouverture du Musée des Beaux-Arts de Lille, de prêter le tableau de Sisley, *La Seine à Port-Marly*, et je lui renouvelle mes remerciements les plus vifs.

Pendant ces mois de préparation, l'exaltation et la joie ont alterné, tout naturellement, avec l'anxiété et le doute. Dans ces moments-là, j'ai particulièrement apprécié le soutien de Caroline de Bailliencourt, Arlette Sérullaz, David Brown, Olivier Meslay, Vincent Pomarède, Barthélemy Jobert, Annette Haudiquet, Madeleine Pinault, Janet Skidmore, Neil Walker, Mango Campbell, John Leighton, Richard Kendall, Blanche Grunbaum-Salgas, Catherine Ferbos-Nakov, Serge Pouxviel, Sylvie Poujade, et je leur exprime ma gratitude.

A ceux qui n'ont pas ménagé leurs efforts pour mener à bien cette tâche avec moi, Marie-France Verzier, Béatrice Porte, Pascal Garnaud, Gabriel Ferlot, je dis très chaleureusement merci. Enfin, pour cette première exposition, j'ai une pensée pour ma famille qui me soutient et pour mes parents.

---

1. Diderot, *Essai sur la Peinture,* La Pléiade, p. 1135.
2. Constable, in Lemaître, 1955, p. 242.
3. P. Valéry, *Œuvres,* p. 1334.

Remerciements

Cette exposition a bénéficié du concours du ministère de la Culture - Direction Régionale des Affaires Culturelles d'Ile-de-France, de la Fondation Électricité de France, du British Council, du Conseil Général des Yvelines.

Grande-Bretagne

Ashmoleam Museum, Oxford
Professor Christopher White, Directeur.

Art Gallery and Collections, University of Liverpool
Janis Carpenter, Conservateur.

National Gallery of Scotland, Édimbourg
Timothy Clifford, Directeur
Mungo Campbell, Assistant Keeper.

Nottingham Castle Museum
Neil Walker, Keeper.

Mr James Mackinnon.

Tate Gallery, Londres
Nicolas Serota, Directeur
David Brown, Conservateur.

Victoria and Albert Museum, Londres
Susan Lambert, Responsable du Département des Peintures
Janet Skidmore, Conservateur.

The Whitworth Art Gallery, Manchester
Alistair Smith, Directeur.

États-Unis

Mr and Mrs Robertson

France

Galerie Schmit

Monsieur Decot

Monsieur et Madame Bruno de Bayser.

Musée d'Orsay, Paris
Henry Loyrette, Conservateur en Chef, Directeur du Musée d'Orsay
Caroline Mathieu, Conservateur en Chef.

Musée de l'Ile-de-France, Sceaux
Jean-Georges Lavit, Conservateur.

Musée de Rouen
Gilles Grandjean, Conservateur.

Musée des Beaux-Arts, A. Malraux, Le Havre
Françoise Cohen, Conservateur.

Musée des Beaux-Arts, Besançon
Matthieu Pinette, Conservateur en Chef du Patrimoine
Chargé du musée.

Musée des Beaux-Arts, Chartres
Maïthé Valles-Bled, Conservateur.

Musée des Beaux-Arts, Caen
Alain Tapié, Conservateur en Chef.

Musée des Beaux-Arts et de la Dentelle, Calais
Annette Haudiquet, Conservateur.

Musée des Beaux-Arts, Lille
Arnaud Bréjon de Lavergnée, Conservateur en Chef.

Musée des Beaux-Arts, Nice
Jean Forneris, Conservateur.

Musée des Beaux-Arts, Orléans
Eric Moinet, Conservateur en Chef.

Musée du Louvre, Département des Arts Graphiques, Paris
Françoise Viatte, Conservateur Général, Chargé du Département
Annette Sérullaz, Conservateur Général
Catherine Legrand, Conservateur
Ghislaine Millioud.

Musée du Louvre, Département des Peintures, Paris
Jean-Pierre Cuzin, Conservateur Général, Chargé du Département
Olivier Meslay, Conservateur.

Musée et Domaine National de Versailles et de Trianon
Jean-Pierre Babelon, Directeur
Claire Constans, Conservateur.

Musée savoisien, Chambéry
Pierre Dumas, Conservateur.

Direction Régionale des Affaires Culturelles
René Gachet, Directeur
Blanche Grunbaum-Salgas, Conseiller-musée.

Fondation Électricité de France
Marie-Claude Vigna
Serge Pouxviel.

British Council
David Rickl, Directeur
Catherine Ferbos-Nakov.

Conseil Général des Yvelines
Franck Borotra, Président
Brigitte Cayla.

Avant-propos

ARLETTE SÉRULLAZ

En choisissant d'évoquer, pour son exposition de printemps, l'influence des paysagistes anglais du XIXᵉ siècle sur la peinture française, le Musée-Promenade de Marly-le-Roi-Louveciennes nous convie à une séduisante visite sous des cieux multiples, aux variations incessantes et fugaces.

« On peut difficilement dessiner ou peindre le ciel, seulement ce qui le traverse », constatait Peter Greenaway à l'occasion de l'exposition orchestrée sous sa direction au Musée du Louvre, à la fin de l'année 1992. « Le bleu qui pâlit ou s'assombrit à l'horizon n'est qu'une illusion d'optique, un mélange résultant de plusieurs facteurs. La basse inclinaison du soleil associée au déplacement de la vapeur d'eau, les complexes montées et descentes de chaleur ou de froid produisent les colorations éphémères de l'aube et du crépuscule » (*Le bruit des nuages*, Paris, Musée du Louvre, 1992-1993).
Et pourtant, nombreux sont les peintres, de Turner à Monet, qui se sont hasardés, avec de plus en plus d'audace, à tenter de restituer sur le papier, le carton ou la toile, ces fameuses « beautés météorologiques » qui firent rêver Baudelaire, après sa rencontre avec Eugène Boudin en 1859.
Tel est donc le propos de l'exposition organisée par Christine Kayser, où l'accent - à juste titre - est mis sur la dette des peintres français envers leurs confrères d'Outre-Manche. Les esquisses vibrantes de reflets lumineux d'un Constable, comme les mirages féériques d'un Turner ont, assurément, ouvert la voie aux recherches des impressionnistes et ces derniers, du reste, l'ont reconnu bien volontiers.
Après avoir contemplé les œuvres que Christine Kayser a su regrouper de façon judicieuse, et tout particulièrement les séduisantes aquarelles réalisées par Turner le long des rives de la Seine, nul doute que tous ceux et celles qui viendront au Musée-Promenade seront d'un avis semblable.

Arlette Sérullaz

Conservateur Général au Département
des Arts Graphiques du Musée du Louvre
chargé du Musée Delacroix

Sommaire

- Avant-propos, Arlette Sérullaz 9

- Turner, musicien de la lumière, Henri Alekan 12

I   L'AQUARELLE ANGLAISE 13

- Turner et la Seine, David Brown 14

- Le critère de la transparence, Richard Hearn 31

II L'INFLUENCE ANGLAISE
    sur la peinture française de paysage 45

- Moyens de rencontre et sensibilité commune, Christine Kayser 46

- Le Salon de 1824, Olivier Meslay 49

- Delacroix et l'Angleterre, Arlette Sérullaz 53

- La Normandie redécouverte, Barthélemy Jobert 58

- Du ciel classique au ciel impressionniste, Christine Kayser 73

- Degas et le génie anglais, Richard Kendall 134

III ANNEXES

- Biographies, Béatrice Porte, Emmanuelle Loizeau 139

- Bibliographie 146

- Index des œuvres exposées 148

- Crédits photographiques 150

Turner, musicien de la lumière.

S'il existe une musique de la lumière associée à celle de la couleur, c'est bien à Turner qu'on la doit. La plupart de ses œuvres nous "plongent" dans un monde oscillant entre le réel et l'irréel par la fugacité d'une lumière exceptionnelle fixée en un instant privilégié. C'est la nature sublimée par l'extrême sensibilité du regard et de l'esprit imaginatif. Chaque œuvre nous entraîne hors de l'espace du quotidien pour nous projeter dans un univers onirique fait d'harmonie, d'équilibre, de violence ou de retenue, d'éclat ou d'effacement, d'apesanteur luminescente quand il n'est pas tourbillonnement effréné, giration lyrique.

Visionnaire génial, Turner a su concrétiser picturalement les rêves qui le hantaient pour, à notre tour, nous inviter au rêve.

Henri Alekan

**Joseph Mallord
William Turner**

06 *Saint-Germain-en-Laye,*
     Gouache, crayon, plume, encre brune,
     9,6 x 28,1 cm.
     Londres, Tate Gallery. CCLX 60, D 24 896

L'aquarelle anglaise

Turner et la Seine

DAVID BROWN

L a publication par Charles Heath des deux volumes des *Promenades le long de la Seine,* avec vingt gravures d'après des aquarelles de J.M.W. Turner, date de 1834 et 1835.

Trois vues retiennent particulièrement notre attention.

La première ^{fig.12} nous entraîne, à la suite de Turner, entre Mantes et Vernon ; la route surplombe un bras de rivière éclairé par le soleil couchant. Une calèche tirée par deux chevaux haletant dans la chaleur, sans doute semblable à celle de Turner lui-même, gravit lentement la pente dans notre direction. Des gens se promènent au bord de l'eau, à l'ombre des arbres, et l'on voit une table dressée pour un souper *al fresco.* Paris n'est pas loin, mais aucun édifice connu n'est en vue ; c'est l'image d'un voyage dont nous sommes conviés à partager les sensations et le plaisir.

Turner nous propose ensuite ^{fig.7} depuis la terrasse de Saint-Germain-en-Laye, un panorama plus majestueux, peut-être l'un des plus célèbres de France, qui domine les méandres de la Seine. A droite, le pavillon où naquit Louis XIV, et au loin, le grand viaduc qu'il fit construire à Marly. Grandeur historique et grandeur du décor sont ici associées, bien que par un coude de l'Histoire, aussi brusque que celui du fleuve, la terrasse du château, désertée par la Cour, soit aujourd'hui peuplée de visiteurs qui pique-niquent sur la balustrade.

Enfin ^{fig.1}, Turner nous transporte au cœur de Paris, sur le quai du Louvre, là où la Seine, enjambée par le Pont Neuf, se brise sur la pointe de l'île de la Cité. Il ne s'agit pas de la représentation superbe et complaisante d'un célèbre paysage urbain, plutôt d'une synthèse, parfaitement maîtrisée, des contrastes et de l'énergie de la capitale.

Ces trois images seules suffisent à montrer la diversité et la richesse de Turner dans son traitement pictural de la Seine. Elles nous permettent de mieux comprendre le jugement de John Ruskin - qui se fonde également sur les vues de la Loire publiées et commentées antérieurement par Heath - selon lequel « la France est le pays étranger, entre tous, dont Turner a le mieux intégré l'esprit »[1].

À partir des années 1820, Turner envisage de peindre des paysages ou des motifs urbains français, et commence à rassembler dans son carnet de croquis les éléments sur lesquels reposeront ces tableaux. Il est alors en pleine possession de ses moyens, et sa

Joseph Mallord
William Turner

01 *Paris : le Pont Neuf et l'Ile de la Cité,*
   vers 1832
   Gouache et aquarelle sur papier bleu,
   14,1 x 18,8 cm.
   Esquisse pour une gravure publiée en 1835
   Londres, Tate Gallery. CCLIX 118, D 24 683

réputation de plus grand paysagiste anglais n'est plus à faire. Ses contributions
jouissent d'un immense prestige aux yeux d'un éditeur comme Heath ; mais Turner
œuvrera toujours pour atteindre la plus grande notoriété possible. Ses chefs d'œuvre
à l'huile et à l'aquarelle suscitent l'admiration inconditionnelle des milieux les plus
avertis, mais il sait aussi gagner un public plus large qui collectionne ses œuvres sous
forme d'estampes. Les topographies et les antiquités font le sujet de ses gravures, dix
ans au moins avant que ses peintures à l'huile ne lui valent une reconnaissance publique.
Et jamais il ne permettra que ses succès ultérieurs sur toile éclipsent cette première
partie de son travail.

Bien au contraire, loin de négliger les projets pour la gravure, il s'y adonne avec
ferveur. C'est une activité très lucrative - elle sera pour beaucoup dans sa considérable
fortune - et constamment exigeante sur le plan technique. Dans les années 1820,
Turner entreprend de nombreux travaux de gravure, et c'est peut-être pour cela qu'il
parcourt alors la France, même s'il ne commence à œuvrer formellement pour Heath
que vers la fin de la décennie.

Turner a déjà effectué un court séjour en France en 1802, lors de la Trêve d'Amiens,
mais le pays dans son ensemble ne lui a pas produit une très forte impression. Tandis
que la plupart des touristes anglais, innombrables cette année-là, rêvent de visiter Paris,
théâtre de la Révolution et désormais capitale de Bonaparte, Turner, lui, veut avant
tout voir les Alpes.

La guerre l'a empêché de venir plus tôt, et, pour son premier voyage sur le continent, il est résolu à se rendre sur les lieux les plus susceptibles de servir son art. Ses excursions des années précédentes dans le Lake District, au Pays de Galles et en Écosse, lui ont ouvert les yeux sur les possibilités picturales du site de montagne. Le goût de ses contemporains pour le Sublime et pour les manifestations les plus brutales et effrayantes de la nature, associé à sa propre recherche d'un langage du paysage en rapport avec la force dramatique et émotive de la peinture historique, rend également impératif ce voyage dans les Alpes.

Son arrivée à Calais, par une effroyable tempête, est mémorable ; il l'évoque dans le grand tableau intitulé *Calais Pier* (Le quai du port de Calais, Londres, National Gallery), qu'il exposera à son retour. Pour le reste, son périple vers le sud est sans grand intérêt. Il dira plus tard à l'un de ses amis que « jusqu'à Lyon, le pays n'est pas beau du tout », et les rares croquis ou annotations dans son carnet révèlent une hâte mêlée d'indifférence. Il est impressionné par Lyon, par Grenoble et les montagnes environnantes, mais la Savoie et la Suisse restent son principal objectif. Il ne s'arrête à Paris que pour y louer une voiture avec chauffeur, et y acheter du papier à dessin. Il reporte au voyage de retour l'exploration de la ville, mais il semble qu'il ne s'y plaise guère. Il confiera au graveur Abraham Raimbach qu'il était isolé par la barrière de la langue et qu'il n'y avait là rien qui fût en rapport avec l'objet précis de ses investigations[2].

À cette époque, en 1802, le paysage urbain est loin de ses préoccupations, et, plus que la capitale, les collections du Louvre, enrichies par Napoléon, retiennent son attention. Londres, alors, n'offre rien de comparable. Cette première et riche expérience des grands maîtres européens a donc, sur ses sens déjà aiguisés par les sublimes hauteurs du paysage alpin, un immense impact. Les années suivantes, l'art de Turner se voit transformé par les manifestations extrêmes de la nature et par les œuvres d'art contemplées en 1802. À Londres, sa position parmi la jeune génération de peintres est renforcée par une série de tableaux magnifiques : certains traduisent l'influence des maîtres étudiés au Louvre, d'autres, où figurent les éléments naturels observés dans les montagnes, traitent de sujets spécifiquement alpins.

Le paysage français fait une unique mais superbe apparition dans le *Festival of the Opening of the Vintage at Mâcon* (Fête des vendanges à Mâcon, Sheffield City Art Gallery [fig. 62]), exposé en 1803. La vallée de la Saône - transfigurée pour les besoins de la composition et peinte d'après un croquis réalisé, en fait, à Tournus - est disposée en un panaroma de type classique, digne de Claude. On y observe certains traits caractéristiques des premières années de l'œuvre de Turner : fusion entre art et nature, entre expérience vécue et tradition acquise. Le tableau est acheté par Lord Yarborough, aristocrate élevé dans la tradition du « Grand Tour ».

Turner, nous le verrons, réalise ensuite des vues de France de facture très différente et s'adressant à un public également très différent, mais qui gardent encore quelque chose du souffle et de la grandeur de ce premier chef d'œuvre.

Turner ne reviendra en France qu'en 1821, car au sortir de la guerre, il a d'autres voyages en perspective. Il commence par se rendre en Hollande et sur le champ de bataille de Waterloo, puis gagne les bords du Rhin. En 1819, après avoir traversé en hâte la France du nord au sud depuis Calais, il découvre enfin l'Italie ; un voyage qu'en d'autres circonstances et compte tenu de ses centres d'intérêts, un artiste de sa trempe aurait effectué dans sa jeunesse. Ce « Grand Tour » à retardement le confronte à l'Antiquité et à un héritage culturel dont il n'a eu jusque-là qu'une approche indirecte. Son inspiration classique en est ravivée ; une luminosité et une vivacité nouvelles de la couleur apparaissent dans sa peinture à l'huile, fruits de ses efforts pour rendre la lumière italienne. À cette époque, le « grand touriste », voyageur aisé et dilettante, n'a plus le privilège exclusif de parcourir le continent. Bien avant d'aller lui-même en Italie, Turner a réalisé une série d'aquarelles du paysage italien, d'après les dessins de l'architecte James Hakewill illustrant son *Tour of Italy*.

Joseph Mallord William Turner

03 *Bridges at Saint-Cloud and Sèvres,*
vers 1832
(Ponts de Saint-Cloud et de Sèvres)
Gouache et aquarelle sur papier bleu,
13,7 x 18,9 cm.
Esquisse pour une gravure publiée en 1835
Londres, Tate Gallery. CCLIX 123, D 24 688

Les sujets en sont très classiques, mais le livre est destiné à un public plus large, à cette classe moyenne avide de voyages. C'est un milieu curieux et cultivé, considérablement élargi par la Révolution industrielle en Angleterre, qui a fait de bonnes affaires pendant la guerre et s'intéresse à l'histoire, à la configuration des lieux et à leur description. La guerre l'a confiné chez lui, et il s'est consacré aux sites archéologiques et pittoresques d'Angleterre, du Pays de Galles et d'Écosse. Cela explique la popularité des livres illustrés d'estampes, et la vogue de l'illustration topographique, dont Turner et bien d'autres profitent au tournant du siècle. Mais on ne peut entretenir éternellement l'intérêt pour les mêmes abbayes, les mêmes châteaux et cathédrales, ou encore pour le charme de quelques beaux endroits. En 1815, ils sont passés de mode. Il faut aussi s'attendre, dès le retour de la paix, à ce que les voyageurs affluent sur le continent et se jettent sur les produits de ces industries dérivées du voyage que sont la littérature de voyage et les recueils d'illustrations.

Le succès immense et immédiat du poème de Byron *Childe Harold's Pilgrimage* (Le Pèlerinage de Childe Harold), qui suit le héros pas à pas à travers l'Europe et propose une méditation sur les liens historiques entre le Rhin, la Suisse et l'Italie, est un signe des temps. Quand, en 1917, Turner prend à son tour le même chemin, il a certainement en tête le troisième chant du poème, publié en 1816, qui retrace le périple de Byron lui-même, parti de Waterloo pour traverser les Ardennes et longer le Rhin. Il fait siens les vers de Byron qu'il place en exergue à son tableau *The Field of Waterloo* (Londres, Tate Gallery), exposé en 1818. Il est sans doute aussi frappé par la façon dont Byron se concentre sur un grand fleuve, le Rhin, qui sert de thème fédérateur et de moteur au commentaire sur l'Europe historique et moderne. C'est le pendant exact de sa propre démarche, dans une série de tableaux représentant la Tamise, et un petit ensemble d'aquarelles destinées à la gravure, intitulées *The Rivers of Devon*[3].

De retour en Angleterre, Turner peint cinquante et une aquarelles du Rhin, qu'il vend à son ami et mécène Walter Fawkes, par ailleurs grand admirateur de Byron. En 1819, il songe à en faire graver trente-six. Turner est très attaché à cette idée de série de rivières et, au début des années 1820, il peint, toujours pour la gravure, un superbe ensemble d'aquarelles, *The Rivers of England*. La série autour du Rhin apparaît toutefois comme le prototype de ce qu'il réalisera plus tard sur le thème des fleuves et rivières de France, motifs eux-mêmes destinés à s'inscrire dans un ensemble plus vaste, consacré aux grands fleuves européens.

Considérant que la bataille de Waterloo avait été engagée au nom de la liberté, Byron avait délibérément évité le territoire français lors de ses derniers voyages. Il avait traversé le Rhin à Manheim pour ne pas rencontrer les soldats de la Restauration, proclamé haut et fort «n'avoir aucune envie de voir un pays décadent et un peuple opprimé», et écarté toute mention de la France dans son *Childe Harold*. D'autres, en revanche, visitent la France sans plus attendre, et on a montré récemment que la population britannique à Paris avait considérablement augmenté à partir de 1815, atteignant presque vingt mille touristes et résidents, en 1820[4]. Il s'agit, naturellement, d'une population très diversifiée, qui va des multiples couches de la classe moyenne, jusqu'aux milieux chics et aisés, en passant par les artistes, toujours soucieux d'explorer de nouveaux sujets et d'exploiter de nouveaux marchés.

Si Paris constitue le grand pôle d'attraction, la Normandie s'impose vite comme un lieu d'élection : elle est proche de la côte, et ses ravissantes villes médiévales, petites ou grandes, sont une mine pour les amateurs de monuments anciens. John Sell Cotman traverse la région en 1817, 1818 et 1820 ; il est un des premiers à le faire et, en 1822, il publie deux volumes d'eaux-fortes d'après ses propres dessins, *Antiquities of Normandy* fig.33, 35.

Par une coïncidence étonnante, rarement évoquée, c'est à l'automne précédant cette publication qu'ont lieu les premières expéditions graphiques en Normandie : celle du jeune Bonington, installé en France depuis 1817, et celle de Turner. Bonington part de Paris, Turner de Dieppe, mais ils couvrent à peu près les mêmes points de vue, en particulier à Rouen. Les croquis de Turner traduisent un vif intérêt pour l'architecture gothique de la ville, admirablement préservée, mais il ne reviendra guère à ce thème par la suite, dans son travail sur la France. Les motifs antiques et pittoresques sont encore plus à la mode, en France comme en Grande-Bretagne, où ils inspirent nombre de gravures : c'est en France, en 1820, que paraissent les célèbres *Voyages pittoresques et romantiques* du baron Taylor. Mais en France, Turner choisit de travailler dans une autre direction ; il a déjà exploité cette veine en Grande-Bretagne dans les années 1790, et il veut élaborer sa propre image de la France.

En 1824, lors de son premier circuit de la Meuse et de la Moselle, Turner fait un détour pour repasser par Dieppe et la belle ville gothique d'Abbeville[5]. Il travaille à des aquarelles pour gravure, tels les fragments de *The Rivers of England* à paraître chez W.B. Cooke ; sans doute l'artiste et l'éditeur ont-ils envisagé l'éventualité d'une suite à partir de motifs continentaux. Pourtant, c'est dans un tout autre but que Turner entreprend le voyage à Dieppe : il doit en peindre le port pour un certain John Broadhurst[6]. En l'espace de deux jours, ce mois de septembre 1824, il rassemble une multitude de croquis de la ville et de l'activité du port, et de retour à Londres, il peint le fameux *Port de Dieppe*, qui sera exposé en 1825 (New York, Frick Collection). Comme son corollaire, *Cologne*, également peint à la demande de John Broadhurst, ce tableau se démarque complètement, dans la vision de l'Europe qu'il propose, du nouveau « pittoresque continental », au charme léché et souvent complaisant. Par la richesse et la vivacité de ses couleurs, il rappelle la composition classique d'un port de mer à la Claude. Mais la version qu'il propose, fourmillante d'activité, est résolument moderne, et sa description de la vie de voyage sur le continent, telle que Turner l'a vécue, est extrêmement convaincante.

Comme l'a justement fait remarquer Cecilia Powell, ces toiles spectaculaires rassemblent et renferment l'expérience même du voyage sur les grands fleuves, des escales dans les ports - où l'on arrive par tous les temps, à bord des embarcations les plus diverses, où l'on observe les allées et venues des passagers, des marins et gens de la

Joseph Mallord
William Turner

02 *The lantern at Saint-Cloud,*
vers 1832

Gouache et aquarelle sur papier bleu,
14 x 19,1 cm.

Esquisse pour une gravure publiée en 1835
Londres, Tate Gallery. CCLIX 132, D 24 697

mer –, ou encore des étapes dans les auberges routières et les hôtels de bord de mer. Plus tard, on retrouvera les mille facettes de cette expérience, distillée avec la même force dans les dessins au trait des fleuves et des rivières de France ; mais l'heure n'est pas encore venue[7].

En 1826, Turner découvre la Loire pour la première et la dernière fois. Le fleuve, toutefois, n'est pas l'unique but de sa visite en France, et son intention première n'est pas d'en tirer matière à publication. Son voyage sur les bords de la Loire s'inscrit dans un circuit plus large, confirmant que, dans son approche de la France, comme dans son expression artistique, Turner se distingue de ses contemporains. La Bretagne, contrairement à la Normandie, est peu connue des touristes anglais ; c'est la région que Turner choisit d'explorer tout d'abord. On a conservé, avec ses dessins, la carte de la région dont il s'est servi ; elle date déjà de 1800, mais c'est probablement la meilleure qu'il ait pu trouver. Il poursuit son périple vers l'embouchure de la Loire, puis remonte le fleuve de Nantes à Orléans et, de là, repart en passant par Paris.

Les éditeurs J. et A. Arch, qui ont longtemps publié des reproductions d'aquarelles de Turner représentant la côte sud de l'Angleterre, préparent un ouvrage consacré à l'autre rive de la Manche, à partir des nouveaux matériaux rapportés par Turner. On projette de l'intituler *The English Channel,* ou *La Manche,* et il rassemblera des vues de la côte entre Dunkerque et Ouessant, ainsi que des lieux alentour[8]. Finalement, rien de cela ne voit le jour, et ce sont les dessins de la Loire qui porteront des fruits, les années suivantes.

Joseph Mallord
William Turner

04 *Saint-Cloud,*
vers 1832
Gouache et aquarelle sur papier bleu,
14 x 18,8 cm.
Esquisse pour une gravure publiée en 1835
Londres, Tate Gallery. CCLIX 124, D 24 689

Le premier résultat tangible de ce travail est une peinture à l'huile, *The Banks of the Loire* (Les rives de la Loire), présentée à la Royal Academy en 1829. Ce tableau qu'aujourd'hui personne ne connaît, témoigne clairement d'un nouveau regard sur la France. Faisant suite au *Dieppe* de 1824, il inaugure une petite période de sujets français que Turner expose, et c'est ainsi que la France rejoint l'Italie, l'Allemagne et la Hollande dans le registre des sujets européens du peintre.

On ne saurait indiquer avec certitude la date à laquelle Turner reçut du graveur cette commande de dessins des fleuves de France ; mais le tableau de 1829 fut probablement conçu comme un lever de rideau sur la série de la Loire. De la même façon, en 1833, Turner exposera *Mouth of the Seine - Quillebœuf* (Embouchure de la Seine - Lisbonne, Fondation Gulbenkian) en étroite corrélation avec la pré-publication d'une planche de la série des gravures de la Seine. En 1829, à nouveau, il revient en France pour suivre la Seine entre Paris et la côte ; il n'aura ensuite qu'une fois encore, en septembre 1832, l'occasion de glaner des éléments de travail le long du fleuve.

Charles Heath annonce la parution à venir en 1833, par des réclames dans *The Athenaeum* et d'autres journaux londoniens : « Grands Fleuves Européens. Parution le 1er juin, élégamment relié, prix : une guinée. Le voyage annuel de Turner » ; ou encore : « Le paysage fluvial en Europe, avec vingt et une planches à partir des dessins de J.M.W. Turner, Esq., R.A. »

Cette première partie est consacrée à la Loire. Les projets de Turner, établis d'après ses croquis de 1826, sont gravés et accompagnés d'un récit de voyage du journaliste Leitch

Ritchie ; le titre en est *Wanderings by the Loire* (Promenades le long de la Loire). En 1834 et 1835 paraissent deux nouveaux volumes, comprenant chacun vingt et une planches et un commentaire de Ritchie[9].

Entre-temps, Heath a demandé à Turner de retravailler certaines pièces pour une petite série de gravures qu'il veut publier dans *The Keepsake,* parution annuelle qui connaît un grand succès. Heath fait figure de pionnier dans ce genre de publications ; à son instigation, beaucoup se consacrent au voyage sur le continent et à sa topographie. Ce qui ne l'empêche pas d'encourager la vogue de la traversée de la Manche, dans les années 1830. A l'époque où paraissent les vues de Turner - le plus célèbre des artistes publiés par Heath - ses *Annuals, Landscape Annual* et *Picturesque Annual,* couvrent d'autres régions françaises à travers les gravures de J. D. Harding et de Clarkson Stanfield[10]. Pourtant, Heath ne réalisera jamais son projet de publier des vues d'autres fleuves européens par Turner, malgré le grand nombre d'aquarelles qui s'y rattachent.

Les projets de Turner autour de la Loire sont d'une facture très différente de ce qui paraît communément dans les *Annuals* et autres publications populaires. Le lecteur aurait certainement préféré des vues de villes historiques et de châteaux. Turner leur a ménagé une place importante dans ses carnets de croquis de 1826, et s'est acquitté de ses engagements à l'égard de Heath, à Blois, Nantes et Orléans ; mais il est avant tout intéressé par le fleuve lui-même, ample, imperturbable, qui coule au pied des collines boisées et des hautes berges.

Ruskin, qui possédait et adorait les vues de la Loire de Turner, écrit dans son journal plusieurs années après, qu'il n'avait « jamais vraiment compris à quel point le véritable apport du travail de Turner concernait les fleuves de France, et non les villes. Et que Turner était le premier peintre vivant au monde capable de voir la beauté d'un coteau »[11]. Peut-être Turner s'est-il concentré sur le décor naturel de la Loire parce qu'il ne l'a vue qu'une seule fois. La mémoire est sélective et il a les moyens de pallier les défaillances de ses souvenirs par ces effets de mise en scène et d'atmosphère où, en tant que paysagiste, il est passé maître. Mais l'explication n'est pas satisfaisante : il est clair qu'il pèse attentivement la moindre information provenant de son carnet de croquis de 1826, et qu'il se réfère essentiellement à des esquisses effectuées sur un tronçon bien spécifique du fleuve[12]. De toute évidence, il choisit les scènes les plus caractéristiques qu'il a gardées en mémoire, se souciant peu de l'exactitude ou de l'exhaustivité des détails topographiques. Il ne cherche pas à couvrir toute la Loire dans la diversité de ses paysages, comme il l'a fait pour la Seine. Les réserves émises plus tard par Ritchie sur les dessins de fleuves français valent d'ailleurs particulièrement pour la Loire : « J'étais curieux de voir ce qu'il faisait des points de vue qu'il choisissait pour ses esquisses, et j'eus souvent la surprise de constater à quel point il forçait l'interprétation d'un lieu au détriment de la réalité. Ses exagérations, quand elles venaient soutenir sa vision des choses, étaient extraordinaires... »[13].

La lumière et l'atmosphère, l'eau, le ciel et l'air sont des éléments déterminants dans la lecture que Turner propose de la Loire, et pour les dessins destinés à être gravés par

**Joseph Mallord
William Turner**

05 *Vue du château
de Saint-Germain-en-Laye,*
Aquarelle, 29,9 x 45,7 cm.
Paris, Musée du Louvre. RF 36057

Heath, il choisit le médium à même de les rendre avec un maximum de simplicité et
d'intensité. En règle générale, il commence par soigneusement préparer ses projets à
l'aquarelle sur papier blanc ; c'est le cas pour les sujets français comme Marly [fig. 9] et
Saint-Germain [fig. 5], qu'il réalise pour le *Keepsake*. Mais la série sur la Loire, puis celle
sur la Seine font exception ; elles sont exécutées à la gouache sur papier bleu, avec une
technique rapide et même parfois grossière.

Ce sont les seuls dessins de cette technique que Turner fournit au graveur, bien qu'il y
recoure souvent pour les études requiérant des effets appuyés de couleur et de forts
contrastes de tonalité. Le papier bleu donne du relief aux couleurs, et fournit en lui-même
le juste ton du ciel ou de l'eau calme. Il suffit d'ajouter une petite touche pour créer
l'impression d'un jour de soleil, d'un nocturne ou d'un clair de lune ; en passant l'ensemble
à l'eau claire, Turner nuance l'atmosphère, tandis que des points ou des taches de couleur
vive figurent objets ou silhouettes. Les variations sur le ton de base du papier - souvent
visibles chez Turner - permettent de créer une gradation dans les effets de profondeur.

Dans ses dessins de la Loire, Turner a recours à ce médium qu'il affectionne pour la
brillance. Ces travaux qui furent la propriété de Ruskin et se trouvent désormais au
Musée Ashmoleum d'Oxford, ont toujours été admirés pour l'éclat de leurs couleurs,
pour la luminosité, la profondeur et la concision de leur facture. Malheureusement,
l'importance accordée au jeu des tonalités, au détriment d'une information linéaire et
de détails précis, rend difficile le passage à la gravure. Ruskin considère que c'est même
une tâche impossible. À propos de *Scene of the Loire*, un de ses dessins préférés dans
cette série - et certainement la plus subtile et la plus pure des vues de Turner sur le
cours d'eau -, il écrit : « Les graveurs ne s'y essayaient pas, soit parce qu'ils les trouvaient trop sophistiqués, soit, au contraire, parce qu'ils les trouvaient insipides »[14].

Turner tenait à être étroitement associé à la préparation des estampes et des reproductions de son travail ; il surveillait la gravure, proposait des modifications de la planche aux divers stades d'épreuves, et ne considérait ses propres dessins que comme une des étapes du processus. La gravure elle-même était la véritable œuvre d'art, et le graveur, loin d'être relégué au second plan pour manque d'imagination, se devait d'être à la hauteur de l'enjeu, mettant en œuvre ses propres dons d'interprétation et d'extrapolation.

Le traitement de la Loire n'était pas conçu comme un obstacle à la gravure, il devait au contraire inciter les graveurs à travailler davantage l'ombre et la lumière, la modulation de l'espace, et l'idée même de l'atmosphère de la gravure. À en juger par la qualité tout à fait remarquable des planches éditées, les graveurs, visiblement, surent relever le défi. En dépit des remarques de Ruskin, la gravure de la *Scene of the Loire*, réalisée par Robert Wallis, est l'une des plus réussies, le graveur ayant su rendre à la perfection les superbes effets du soleil couchant sur la surface de l'eau et sur les collines boisées.

Il faut reconnaître, toutefois, que pour les dessins ultérieurs de la Seine, Turner fournit aux graveurs de plus amples informations. Les aquarelles sont plus denses, elles regorgent souvent de détails narratifs, sans pour autant perdre la qualité de ton des aquarelles de la Loire. Certes, Turner a eu plusieurs fois l'occasion d'observer la Seine et de la longer ; il n'est donc pas tributaire de sa mémoire ni d'éléments rapportés plusieurs années auparavant. On constate que les esquisses et les études effectuées le long de la Seine, en septembre 1832, par exemple, sont déjà très organisées en prévision de la peinture, et qu'elles recèlent toutes les composantes du produit fini.

Turner, cependant, ne s'est pas contenté de choisir des angles de vue ; il aborde aussi les fleuves dans une autre perspective. La Seine, comme la Tamise et le Rhin - à la différence de la Loire -, représente à ses yeux le fleuve national officiel, et se doit d'être traitée comme telle. Au moment où Turner réalise les dessins pour Heath, il travaille aussi à l'illustration de *Life of Napoleon* (Vie de Napoléon) de Walter Scott, et ce projet l'encourage à aborder les sites contemplés en France avec un regard d'historien, jouant des évocations et des associations.

Cette façon qu'a Turner d'intégrer le matériau historique dans ses dessins, à travers quelques symboles ou quelques traits frappants, a toujours fait la force de ses illustrations. Et dans son regard sur la Seine, il s'attache à suivre le cours du fleuve dans son ensemble, décrivant la diversité des paysages, la vie rurale et urbaine, restituant la chronique des situations évoquées au fur et à mesure que défilent les berges. Il vise ainsi, non pas à effectuer un simple relevé topographique d'un grand fleuve, mais plus largement, à brosser un portrait de la France.

En conséquence, si les vues de la Loire proposent le plus souvent des plans rapprochés, depuis le milieu du fleuve ou depuis la rive, Turner semble davantage inspiré par de vastes panoramas prenant la Seine de haut, tels que la Seine à Tancarville avec vue plongeante sur Quillebœuf [fig. 16], à Saint-Germain [fig. 6], ou près des ponts de Saint-Cloud et de Sèvres [fig. 3 et 4]. L'échelle réduite de ces sujets ne constitue pas pour Turner un obstacle à l'étendue de l'espace pictural, ni à la profondeur du traitement thématique. Ainsi, sur un pan du fleuve situé entre Quillebœuf et Villequier [fig. 15], on trouve déjà en

réduction cette puissante opposition entre passé et présent dans la juxtaposition du bateau à voile et du bateau à vapeur ; un effet de contraste qu'il reprendra plus tard, et de magistrale façon, dans son *Fighting Téméraire*.

La richesse et la complexité de ses conceptions apparaissent clairement dans ses très vivantes vues de Rouen, prises à la fois depuis l'eau et en plan rapproché, avec un rendu fulgurant de la façade gothique de la cathédrale [fig. 14] ; et plus encore dans les sujets parisiens [fig. 1], où l'excitation confuse de la grande ville, de même que sa majesté, sont merveilleusement transposées.

Aucun travail sur les fleuves français ne rend, mieux que les vues de Paris, la détermination de Turner à aller jusqu'au bout de sa vision personnelle, et ces vues représentent indiscutablement l'apogée de cet ensemble. Contrairement à Rouen, la capitale n'a jamais suscité un traitement pittoresque, plutôt une approche élégante et légèrement guindée, dans la tradition européenne des panoramas urbains. Thomas Girtin, ami de longue date et contemporain de Turner, visite Paris juste avant sa mort pré-

Joseph Mallord William Turner

07   *Saint-Germain-en-Laye,*
vers 1832
Gouache et aquarelle sur papier bleu,
13,8 x 19,5 cm.
Esquisse pour une gravure publiée en 1835
Londres, Tate Gallery. CCLIX 122, D 24 687

maturée, en 1802 ; il y réalise des dessins et croquis légers de la ville et de ses environs. Ces derniers travaux de Girtin, bien dans sa manière sobre et dépouillée, proposent des vues larges et panoramiques de Paris, dépourvues - exception faite de la fameuse rue Saint-Denis - de personnages ou d'anecdotes [fig. 18].

C'est un précédent pour des artistes plus jeunes qui, tel Thomas Shotter Boys, les jugent parfaites, « sans un trait de trop ».

Les vues de la Seine de loin exécutées par Turner sont clairement apparentées à Girtin, et plus spécifiquement, peut-être, à sa vue de Marly ; mais la vision qu'a Turner, à l'époque, du cœur de la ville, vision enthousiaste, impliquée et parfois désordonnée, sa façon de comprimer l'espace et de le distordre délibérément, le distinguent des conceptions de Girtin. De même son travail grossier et vigoureux de la gouache, toujours sur papier bleu, est-il aux antipodes de celui de Girtin. Les représentations de Turner n'ont pas le sens du détail de l'ancien, le charme souvent compassé de la peinture pittoresque continentale, ni l'élégance savante, la rigueur et le raffinement technique de Girtin ou de Boys.

Cela ne signifie pas, bien au contraire, que Turner ignorait le travail des autres artistes, ou y était fermé. Mais il avait une vision des choses à la fois très personnelle et très forte, exigeant des moyens d'expression qui lui fussent propres. Il admirait beaucoup Bonington, dont il avait certainement vu les œuvres à la Royal Academy, ou dans les collections de son éditeur et graveur, George Cooke. Tout laisse penser qu'il tenait Bonington en grande estime, le plaçait très haut dans la jeune génération des paysagistes, et voyait peut-être en lui son héritier naturel. Mais Bonington devait mourir en 1828, juste avant que Turner ne commence à travailler sur les motifs français. Peut-être y eut-il inversion des rôles, peut-être l'aîné, Turner, eut-il le sentiment d'être l'héritier légitime de Bonington, qui s'était imposé comme le peintre du nord de la France.

Alors même que la conception et la technique des dessins de Turner diffèrent radicalement de celles de Bonington, le peintre expose deux tableaux de la côte française, *Calais Sands* (Les sables de Calais, Bury Art Gallery, Lancashire), en 1830, et *Fort Vimieux* (collection privée), en 1831, où l'influence de Bonington est sensible. S'il leur manque le toucher lisse et onctueux des toiles de Bonington, ils ont toutefois le souffle, la simplicité et l'indéfinissable nostalgie de ses scènes du nord de la France, et constituent une indéniable contribution de Turner au « Boningtonisme » des années 1830. L'influence est réciproque, et Paul Huet, élève de Bonington dans l'atelier de Gros, se souvient que Bonington « parlait constamment de Turner ». Sa connaissance de la peinture de Turner remonte probablement à l'été 1825, pendant lequel il visite Londres en compagnie de Delacroix, Isabey et Colin, et voit certainement le *Dieppe* à la Royal Academy, - une toile d'autant plus attirante qu'elle est la seule produite par Turner, cette année-là.

Sa coloration exceptionnelle contribue sûrement à conforter Delacroix dans l'opinion qu'il s'est faite de la peinture anglaise, depuis le Salon de l'année précédente : celle d'un art enclin à l'exagération, en dépit de son caractère direct et dynamique. Turner n'avait rien exposé au fameux « Salon des Anglais », et, de retour à Paris, Bonington n'avait sans doute pas eu l'occasion de contempler son travail à l'huile ou même à l'aquarelle. La question de savoir dans quelle mesure Turner et Bonington connaissaient leurs travaux réciproques met en évidence une inconnue plus grande encore : que connaissait-on de Turner, en France, de son vivant ? Son influence sur les impressionnistes est indiscutable, mais on serait bien en peine de cerner son impact sur la génération précédente[15].

Turner ne manque pas de contacts parmi les artistes français. A Paris, en 1802, il a visité les ateliers de David et Girodet, copiant le *Retour de Marcus Sextus* (Louvre), qui vient juste d'être terminé. Il est probable également qu'en 1832, il rend visite à Delacroix, sur lequel il ne fait qu'une « impression médiocre... celle d'un fermier anglais ». Mais en ces occasions, il parle vraisemblablement très peu de son travail, et n'est pas du genre à présenter ses œuvres.

Si Delacroix estime, quelques années plus tard, que Turner est, avec Constable, le plus grand peintre britannique, il ne connaît peut-être qu'une infime partie de son œuvre. Il semble aussi que Turner ait connu Jean-Baptiste Isabey. Isabey exposait régulièrement à Londres et Turner avait fait graver son portrait de Napoléon en frontispice du *Life of Napoleon* de Walter Scott, qu'il avait lui-même illustré. Enfin, Turner a pu rencontrer des artistes français, lors de ses séjours à Rome, où ils étaient fort nombreux.

On pouvait, bien sûr, se faire une idée du travail de Turner à partir d'une seule exposition, ou en examinant les ouvrages d'un éditeur et graveur tel que W.B. Cooke, lors d'un passage, même rapide, à Londres. Théodore Gudin et Eugène Isabey y exposent, dans les années 1820 et 1830, des marines visiblement influencées par Turner. En 1821, en route pour l'Ecosse, tous deux séjournent à Londres. Le jeune Isabey a en outre voyagé avec le baron Taylor et Charles Nodier qui, selon toute apparence, connaît les aquarelles de Turner.

C'est probablement Nodier qui encourage Amédée Pichot, le très anglophile traducteur de Byron, à s'informer sur Turner, à Londres, en 1825. Pichot envoie alors à Taylor le dernier volume de l'édition du *Provincial Antiquities of Scotland* de Walter Scott, avec des illustrations de Turner, en s'extasiant non seulement sur ces illustrations mais aussi sur « les sublimes effets de ses tableaux et de ses aquarelles ». Il fait l'éloge de l'art de Turner pour les perspectives aériennes, et écrit : « Claude lui-même n'a pas rendu les variations de l'atmosphère aux différentes heures du jour, les accidens (*sic*) de la lumière et des ombres dans les temps sereins ou nébuleux, les effets des orages et des saisons. » Et cette même année, il écrit à un autre ami : « Devant ses paysages, le cœur bondit de joie... Turner lui-même contemple toujours ses paysages dans le plus vaste cadre, et semble s'élever comme un dieu au-dessus de l'humanité »[16]. On ne peut imaginer témoignage plus éloquent de l'engouement précoce des Français pour Turner.

Malgré ces relations, Turner est essentiellement connu en France - comme ailleurs en Europe - pour ses estampes qui circulent un peu partout. Il n'est pas officiellement représenté par l'un ou l'autre des marchands qui, tel John Arrowsmith, s'occupent des artistes britanniques, et, pendant plusieurs années du moins, ni lui, ni ses éditeurs ne cherchent à se créer un marché. Mais les éditeurs parisiens et les marchands d'estampes

William Callow

08 *Marly from Saint-Germain,*
1830
Aquarelle, 12 x 21,3 cm.
Édimbourg, National Gallery of Scotland.
D 4624

Joseph Mallord
William Turner

09 *La Seine à Port-Marly,*
Gouache et aquarelle
Londres, British Museum.

sont en contact avec leurs homologues de Londres, et la qualité des estampes britanniques est incontestée.

Si les frères Arch avaient poursuivi leur projet de publier *La Manche*, nul doute qu'ils auraient trouvé un co-éditeur parisien. *The Rivers of France* reçut naturellement toute l'attention qu'il méritait et fut réédité à Paris, par Rittner[17]. On sait que les planches en étaient déjà accessibles en France avant leur publication à Londres, car Leitch Ritchie, en partant rassembler les éléments de son commentaire, avait emporté quelques exemplaires de ce qui venait d'être gravé. Et tandis qu'il se trouvait bloqué à Troyes pour des questions de passeport, il avait offert au maire des estampes réalisées par J.C. Armytage, et représentant sa ville... autrement dit, les dernières pièces de la série des *Wanderings by the Seine*[18].

Plusieurs années durant, *The Rivers of France* ne fut connu que sous la forme d'estampes, en Grande-Bretagne, en France, en Allemagne aussi, où elles parurent chez un éditeur de Berlin. Les admirables dessins de Turner, exceptionnels dans leur maîtrise du trait et de la couleur, auraient pu rester ignorés. Parmi tous ceux que Turner réalisa pour le graveur, ils sont aujourd'hui considérés comme des pièces uniques, comme autant de témoignages de l'évolution de Turner dans son intelligence de la couleur et de la tonalité. Mais dans le contexte de l'époque, il est sans doute préférable qu'ils soient demeurés inconnus du grand public. En effet, à côté des autres projets de gravure, que Turner exposait de temps à autre, ils auraient parus capricieux et grossiers, et dans le public français, habitué au raffinement d'un Bonington ou d'un Boys, ils n'auraient fait qu'attiser la critique latente de la manière anglaise.

Leur temps vint, plus tard, une fois que Ruskin se fut extasié sur les aquarelles de la Loire qu'il avait acquises, et qu'il les eut exposées à Oxford ; grâce à la donation Turner qui permit que la série de la Loire soit accessible à Londres, grâce aussi aux impressionnistes qui retournèrent l'opinion. Au début de notre siècle, un historien français, spécialiste de l'art anglais, n'hésita pas, non seulement à louer l'art des dessins de Turner, mais aussi à le revendiquer comme français : « Jamais ... aquarelles ne furent plus françaises que celles où il nous décrit d'un pinceau si spirituel et si brillant le pittoresque de notre pays »[19].

Les graveurs furent les ambassadeurs de Turner auprès de ses contemporains. Ils pallièrent le manque de raffinement de ses dessins, tirèrent le maximum de ses effets de lumière et d'atmosphère, de ciel d'orage ou de clair de lune, de lever ou coucher du soleil, d'eau ridée ou étale, de vastes panoramas et d'horizons lointains, et ils surent mettre l'accent sur ses trouvailles dans les détails narratifs. Les estampes de *The Rivers*, prouvent le talent hors du commun des graveurs londoniens de cette époque. Elles incarnent non seulement « l'esprit de la France », comme le pensait Ruskin, mais les qualités intrinsèques de l'art de Turner.

David Brown
Traduit de l'anglais par Brigitte Ouvry-Vial

Pierre-Auguste Renoir

10 *La grenouillère*,
1869
Huile sur toile, 59 x 80 cm.
Moscou, Musée d'État Pouchkine

Notes

1. J. Ruskin, *Modern Painters*, vol.1.
2. D. Hill, 1922, *Turner in the Alps. The Journey through France and Switzerland in 1802*, p. 21.
3. D. B. Brown, 1922, *Turner and Byron*, cat. d'exposition, Tate Gallery, Londres.
4. P. Gerbod, dans C. Léribault, 1994, *Les Anglais à Paris au XIXᵉ siècle*, cat. d'exposition, Musée Carnavalet, Paris, p. 262.
5. N. Alfrey, 1982, « Les fleuves de France », *in Turner en France*, cat. d'exposition, Centre culturel du Marais, Paris, p. 187.
6. Pour la date de ce voyage voir C. Powell, 1991, *Turner's Rivers of Europe. The Rhine, Meuse and Mosel*, cat. d'exposition, Tate Gallery, Londres, p. 39.
7. Powell, *ibid.*, p. 44.
8. N. Alfrey, 1982, « Les fleuves de France », *in Turner en France*, cat. d'exposition, Centre culturel du Marais, Paris, p. 191.
9. Le second volume de 1835 a été publié en décembre 1834, pour coïncider avec les ventes de Noël.
10. N. Alfrey, 1982, « Les fleuves de France », *in Turner en France*, cat. d'exposition, Centre culturel du Marais, Paris.
11. *The Diaries of John Ruskin*, ed. J. Evans et J. H. Whitehouse, III, p. 1016.
12. N. Alfrey, 1982, « Les fleuves de France », *in Turner en France*, cat. d'exposition, Centre culturel du Marais, Paris, p. 197.
13. A. Watts, 1883, « A biographical Sketch », *in Liber Fluviorum, or River Scenery of France*, II, pp. 312-313.
14. L. Herrmann, 1968, *Ruskin and Turner*, p. 99.
15. Pour une excellente discussion sur l'influence de Turner en France, voir J. Gage, "Le Roi de la lumière. Turner et le public français de Napoléon à la Seconde Guerre mondiale", *in J. M. W. Turner*, 1983-4, cat. d'exposition, Grand-Palais, Paris, pp. 43ff.
16. Gage, *ibid.*, p. 45.
17. W. A. Rawlinson, 1908-13, *The engraved Work of J. M. W. Turner*.
18. L. Ritchie, 1833, *Wanderings by the Loire*, p. 106.
19. A. Dayot, 1908, *Histoire de la peinture anglaise*, p. 296.

Le critère de la transparence

Fondements artistiques, sociaux et techniques de l'aquarelle en Angleterre au début du XIXe siècle

RICHARD HEARN

Pour Henri Lemaître, c'est par les paysages que, dans l'Angleterre de la fin du XIXe siècle, l'aquarelle s'affirme comme un mouvement artistique à part entière. Reportant sur une carte géographique les grands moments d'évolution de la peinture, d'un mouvement à l'autre, Lemaître situe l'aquarelle anglaise comme une transition nécessaire entre le paysage hollandais du XVIIe siècle et le paysage français de la fin du XIXe siècle : « Car il s'est trouvé dès les environs de 1760 et encore vers 1805 des paysagistes anglais pour inventer le style que redécouvriront à la fin du XIXe siècle les artistes continentaux, et particulièrement français »[1].

Cette approche linéaire de l'histoire de l'art permet de situer les styles, mais il serait simpliste de croire que les évolutions stylistiques se sont effectuées en dehors de tout contexte social, sans contact entre ceux qui participèrent ou contribuèrent à ces mouvements. Marcia Pointon a montré que durant les guerres napoléoniennes[2], les aquarellistes anglais, loin de travailler d'une manière isolée, entretiennent au contraire des liens directs et fréquents avec des aquarellistes français. Cette exposition apporte la preuve qu'au début du XIXe siècle, de nombreux aquarellistes anglais voyagent et peignent en France pour un public britannique avide de représentations topographiques et touristiques. Le paysage britannique est la source d'inspiration essentielle des aquarelles anglaises, mais la technique de l'aquarelle est employée pour les natures mortes, les sujets historiques ou littéraires[3]. La gouache, souvent utilisée parallèlement, n'est pas supplantée pour autant et les œuvres de Turner exposées ici témoignent de la permanence de cette technique pour les esquisses préparatoires aux gravures, fonction dans laquelle elle prédomine jusqu'en 1800.

Au début du XIXe siècle, le paysage anglais est au cœur du discours patriotique des aquarellistes. Le peintre Joseph Farington rapporte dans son journal intime, en 1808, les propos de Benjamin West, président de la Royal Academy, selon lequel « les artistes devraient peindre leur pays tel qu'il est, plutôt que produire des paysages imaginaires ». Il en veut pour preuve le succès d'artistes tels que « Glover, Chrystal (*sic*), Heaphy... »[4]

En 1823, *The Somerset House Gazette*, publication influente dans la promotion de l'aquarelle au début des années 1820, déclare :

« [...] L'atmosphère humide de l'Angleterre produit une infinie variété d'effets, même sur des scènes d'envergure limitée, contrairement à ce que l'on peut observer en

Italie et dans d'autres régions où le climat est plus sec et l'air plus clair... C'est à l'observation de ces effets et des moyens de les représenter, grâce aux progrès effectués dans l'usage des aquarelles, que nous devons certains paysages, œuvres de l'École anglaise, qui allient plus de sentiments poétiques et plus d'expression pittoresque qu'on n'en pourrait trouver dans les œuvres des maîtres anciens »[5].

L'hypothèse selon laquelle il y aurait concordance entre peinture à l'eau et climat humide - hypothèse convaincante à l'époque et qui le demeure aujourd'hui - n'est pas une simple curiosité historique.

Mais pour apprécier le succès de l'aquarelle en tant que mouvement artistique et social, il faut aussi savoir quel était le statut des peintres à ce moment précis de l'histoire anglaise.

Le secret perdu

De 1740 à 1750, les aristocrates et les riches marchands anglais achètent de la peinture italienne pour compenser les voyages en Italie, le « Grand Tour » rendu impossible par la guerre de la Succession d'Autriche. La prospérité du nouvel empire colonial, la naissance d'une bourgeoisie enrichie par le commerce triangulaire, contribuent à multiplier les achats de peinture continentale, à créer, selon les observateurs, un véritable raz-de-marée. Le Florentin Zucarelli, alors installé à Londres, jouit, comme le Vénitien Canaletto, d'un grand succès auprès des mécènes.

Les peintres anglais, malgré leur allégeance aux « maîtres », éprouvent un sentiment d'injustice devant ce qu'ils ressentent comme une invasion.

Longtemps limitée au portrait, aux scènes de chasse ou de chevaux, par le choix des commanditaires, la peinture anglaise cherche à s'affirmer techniquement et stylistiquement. Mais, faute de "savoir-faire", les peintres anglais sont en situation d'infériorité. Et comment apprendre si l'on ne peut s'offrir le voyage en Italie ? Les œuvres des collections privées et royales sont interdites au regard, sauf autorisation particulière. Il faut attendre la création, en 1824, de la National Gallery, pour que les peintres puissent étudier les maîtres.

Les artistes anglais se précipitent chez Christies, créé au XVIIIe siècle, lorsqu'une vente de tableaux permet enfin d'admirer un chef d'œuvre. Les peintres plus fortunés, tels Benjamin West et Joshua Reynolds, achètent des tableaux de maîtres et en font « l'autopsie » à la pierre ponce. Couche après couche, ils étudient la composition de la peinture afin de percer le secret de sa fabrication. Les moins aisés se font restaurateurs de tableaux pour accéder aux sources du savoir suprême, « au secret de la transparence ».

C'est cette transparence, cette lumière surgie du « fond de l'œuvre », la *luce di dentro* que les peintres et les amateurs d'art anglais vont chercher en Italie.

La révolution de la Renaissance est pour eux, autant que la perspective, l'invention d'une peinture à base de glacis transparents, où le fond du tableau transparaît à la surface de l'œuvre, par opposition à la peinture opaque du Moyen Âge.

Jusqu'en 1810, on attribue la qualité de transparence des œuvres anciennes soit à un secret de fabrication, soit aux couches de vernis successifs passées par les marchands, soit au vieillissement de la couche picturale. Les artistes anglais voient dans ce savoir-faire la clef de leur succès auprès des amateurs d'art, qui devrait mettre fin aux importations du continent.

L'aquarelle, art mineur

À la fin du XVIIIᵉ siècle, les Beaux-Arts sont dominés en Angleterre par la Royal Academy, fondée en 1768 sur le modèle continental des académies de peintures ; elle établit une hiérarchie des genres, depuis la nature morte et le paysage jusqu'à la grande peinture historique. La Royal Academy hiérarchise également les techniques : la peinture à l'huile vient en tête, incontournable pour l'artiste ambitieux. Le règlement veut que tout artiste peintre désireux d'entrer comme étudiant à la Royal Academy, apporte la preuve qu'il maîtrise cette technique[6]. L'Académie elle-même ne dispense pas de cours pratiques ; la classe de peinture est en réalité un cours magistral de théorie de la peinture. Le premier cours pratique de peinture est ouvert en 1816, mais on y enseigne l'art de la copie plus que la technique picturale proprement dite[7].

La seule façon de s'initier à la peinture à l'huile est d'être apprenti dans l'atelier d'un maître, tel Reynolds, souvent jaloux de ses secrets. Faute de nouveaux manuels, les artistes se contentent d'un ouvrage paru au milieu du XVIIIᵉ siècle, où l'auteur affirme que l'huile est une technique perdue car ni les grands maîtres de la peinture continentale, ni leurs apprentis, n'ont consigné leurs préceptes par écrit[8]. Le prestige de la peinture à l'huile, en Angleterre, tient donc à la fois à l'importance esthétique et culturelle de la peinture continentale, et au mystère, à la magie de ses procédés ; un peu comme une langue étrangère dont on admirerait la beauté et identifierait quelques expressions, mais dont la pratique courante resterait hors de portée.

Dès lors, peindre à l'huile signifie affirmer son statut d'artiste, c'est tout autant un acte de témérité qu'une démonstration de compétence. L'exemple de Turner est à cet égard très caractéristique. Par-dessus tout désireux de devenir membre de la Royal Academy, il dut, pour cela, travailler à l'huile. Déjà connu pour ses aquarelles, il fut loué pour son courage, son audace et sa témérité, sans autre considération de style ou de thème, lorsqu'il présenta des huiles pour la première fois, à l'exposition annuelle de la Royal Academy, si grand était le prestige de cette technique. En témoigne une critique de 1813 : « Cet artiste [Turner] s'est récemment tourné vers l'étude de la peinture à l'huile ; [...] Jamais peintre n'a eu en sa possession autant de moyens pour la réalisation d'une entreprise si audacieuse »[9].

Joseph Mallord William Turner

11 *Mantes (ou Pont à Meulan),*
vers 1832
Gouache et aquarelle sur papier bleu,
14,2 x 19,3 cm.
Esquisse pour une gravure publiée en 1835
Londres, Tate Gallery. CCLIX 116, D 24 681

Cette gouache pose des problèmes d'identification. Elle est présentée sous deux appellations différentes. Maurice Guillaud dans le n° 137 du catalogue *Turner en France* suggère une nouvelle hypothèse, celle du pont de Poissy, qui semble être la plus vraisemblable. Le pont de Meulan, aujourd'hui disparu, se trouvait au centre d'une île qui n'apparaît pas ici.

Joseph Mallord William Turner

12 *Between Mantes and Vernon*
(Entre Mantes et Vernon),
Gouache et aquarelle sur papier bleu,
14,3 x 19,4 cm.
Esquisse pour une gravure publiée en 1835
Londres, Tate Gallery. CCLIX 114, D 24 679

Joseph Mallord William Turner

13 *Château-Gaillard,*
1832
Gouache sur papier bleu, 14 x 19,1 cm.
Londres, Tate Gallery. CCLIX 113

Joseph Mallord William Turner

15 *Between Quillebeuf and Villequier,*
1832
Gouache et aquarelle sur papier bleu,
14 x 19,1 cm.
Londres, Tate Gallery. CCLIX 104

Les aquarellistes de la fin du XVIII° siècle se trouvent donc confrontés à la suprématie de l'huile. Ils sont pour la plupart (exception faite des frères Alexander et John Robert Cozens, à partir de 1760, et de Paul Sandby dans les années 1780), dépourvus d'ambitions artistiques. Ils travaillent pour des architectes, des topographes, des cartographes, des régiments de l'armée, enseignent l'aquarelle aux jeunes filles de la bonne société et dans les nouvelles écoles militaires.

Après 1811, les artistes qui pratiquent une autre technique que l'huile, tels les aquarellistes, peuvent devenir membres associés, mais non à part entière, de la Royal Academy. Les travaux à l'aquarelle ne sont pas encore qualifiés de « peintures », ils restent des « dessins », et les peintures à l'huile sont montrées à part, à l'étage supérieur du bâtiment, lors de l'exposition annuelle de la Royal Academy.

L'Académie instaure également une hiérarchie entre les arts, interdisant par exemple la courtepointe ou les collages, considérés comme féminins. Les femmes, qui pratiquent l'aquarelle en amateurs, constituent la majorité des aquarellistes, et le grand public établit une distinction entre la peinture à l'huile, art professionnel et masculin, et la peinture à l'eau, activité dilettante et féminine.

L'art populaire des transparences, dont les réalisations, peintures transparentes et décoratives sur verre ou papier vernis, éclairées par l'arrière au moyen de lanternes, servent à la décoration intérieure ou aux décors de théâtre, est également exclu des expositions académiques. La question des transparences est pourtant un grave sujet de débat pour les aquarellistes, soucieux d'élever leur art à un rang supérieur. Les peintures à l'aquarelle, encadrées comme des huiles, sont en effet souvent placées près des fenêtres, à l'exposition annuelle de la Royal Academy, la lumière du jour les éclairant par l'arrière ; une disposition qui semble calculée pour réduire leurs recherches artistiques à d'ordinaires effets de transparence. Cette disqualification flagrante est l'une des principales causes du départ des aquarellistes de la Royal Academy, en 1804.

L'aquarelle, art majeur

À la fin des années 1790, quelques aquarellistes décident de rivaliser avec la peinture à l'huile, à l'exposition de la Royal Academy[10]. Trois d'entre eux, Richard Westall, Thomas Girtin et Joseph Mallord William Turner, sont distingués par le public, ébloui par cette magie technique sans précédent. *The Repository of Arts* en témoigne en 1813 :

« Les "dessins" du jeune Richard Westall - car c'est ainsi qu'on appelait les aquarelles à l'époque de ce maître, peintre à l'aquarelle et à l'huile - suscitèrent l'admiration générale. Les *cognoscenti* et les autres aquarellistes eux-mêmes avaient peine à comprendre comment il parvenait à produire tant d'effets de couleurs et de profondeur. Aucun d'eux ne put croire que ces "dessins" avaient été éxécutés à partir de ces matériaux qu'eux-mêmes maîtrisaient parfaitement »[11].

Il en alla de même pour Turner :

« [...] Lorsque les effets magnifiques de Turner [en aquarelles] [...] furent exposés pour la première fois à la Royal Academy, tous les peintres [à l'huile] se demandèrent comment il était parvenu à une telle magie »[12].

La nouvelle génération d'aquarellistes savait désormais reproduire la patine des tableaux à l'huile vieillis par le temps, d'où cet éloge après l'exposition annuelle de la Society of Painters in Water Colours, en 1824 :

« Si ces toiles géniales avaient été exécutées à l'huile, avec la même maîtrise, par l'un de nos maîtres anciens, les *cognoscenti* garniraient leurs bourses d'or et enchériraient les uns sur les autres pour acquérir de tels joyaux [...]. Et si ces trésors grignotés par les vers, déchiquetés et pourris sur les bords, dégageant une odeur de moisissure et portant les initiales de Rembrandt, avaient été déterrés des ruines de la villa d'un bourgmestre hollandais, quelle fortune pour le mercanti, ambulant fouineur d'images qui les aurait découverts ! »[13].

À la même exposition, on fait l'éloge de John Varley :

« N° 261. Paysage avec cottage, par J. Varley [...] [cette aquarelle] resplendit de lumière, la profondeur et la richesse de la transparence sont dignes de la plus pure peinture à l'huile [...]. Seule une loupe permet aux connaisseurs de voir qu'elle n'émane pas d'un maître hollandais ou flamand »[14].

À l'étranger, ces efforts et ces éloges laissent sceptique. Quel intérêt y a-t-il à reproduire à l'aquarelle l'effet des anciennes peintures à l'huile ? Ce n'est pas la matière qui manque, et l'artiste qui travaille à l'huile est assuré de vendre ses tableaux beaucoup plus cher que des peintures à l'eau. Cette fonction nouvelle de l'aquarelle anglaise, l'imitation de l'huile, est jugée dérisoire : « Les artistes qui se donnent tant de peine pour faire avec de l'eau ce qu'ils feraient aisément avec de l'huile ressemblent à ces amants romanesques qui rentrent par la cheminée quand la porte est ouverte à deux battants »[15].

Pourtant, alors que la technique de l'huile est en crise, l'aquarelle, loin d'être superflue, apparaît en Angleterre comme une technique non seulement alternative mais presque substitutive[16].

La crise de la peinture à l'huile tient tout d'abord à un manque d'acquéreurs. La grande peinture historique défendue par la Royal Academy est peu prisée, et les collectionneurs lui préfèrent les chefs d'œuvre du continent, les maîtres français, italiens, hollandais et flamands, des XVIIe et XVIIIe siècles. Les peintres anglais ont beau être soutenus moralement et socialement par l'institution de la Royal Academy, la compétition commerciale avec les vieux maîtres est d'autant plus insupportable que les seconds sont seuls détenteurs du savoir. Comme l'écrit Jean-Baptiste Dubos dans ses *Réflexions critiques sur la poésie et sur la peinture,* publiées en 1704 et 1770, la peinture anglaise n'existe pas, et les peintres anglais porteront longtemps ce que le peintre B. R. Haydon appelle le « stigma de Dubos[17] ». On attribue à un manque de patriotisme le désintérêt des acquéreurs pour la peinture anglaise contemporaine. Aussi les peintres

Joseph Mallord William Turner

14 *Rouen : the west Front of the Cathedral* (Rouen : fronton ouest de la cathédrale), 1832
Aquarelle et gouache sur papier bleu, 19,4 x 14 cm.
Londres, Tate Gallery. CCLIX 109

Joseph Mallord
William Turner

16 *Tancarville and Quillebeuf,*

Gouache et aquarelle sur papier bleu,

14 x 19,3 cm.

Dessin pour une gravure publiée en 1834

Londres, Tate Gallery. CCLIX 130, D 24 695

anglais se sentent-ils obligés, depuis Reynolds, d'expérimenter sans cesse, pour tenter d'imiter l'aspect des tableaux anciens, recherchés par les amateurs ; ce qui a pour première conséquence de fragiliser leurs œuvres.

La peinture à l'huile connaît un bref répit lors de l'exposition de la Royal Academy, en 1797. On peut y voir, d'un côté des aquarelles rivalisant avec l'huile (comme celles de Turner, Girtin, Westall...), de l'autre des travaux à l'huile exécutés par des académiciens installés (Farington, Hoppner, Opie, Rigaud, Stothard, Smirke et Westall lui-même), selon la « méthode vénitienne» prétendument redécouverte. Le « secret de Venise » semble résoudre tous les problèmes de la peinture anglaise de l'époque : une technique précise (réservée à ceux qui en achètent la recette) et convaincante, un style digne d'une nouvelle école de peinture par laquelle, selon l'opinion contemporaine, l'Angleterre pourrait finalement affirmer sa place dans l'art occidental et connaître les faveurs des amateurs, collectionneurs et marchands d'art. La presse est enthousiasmée. Ce secret ne serait-il pas la solution que Joshua Reynolds, premier président de la Royal Academy, devait en vain chercher toute sa vie ?

Depuis Reynolds, les peintres anglais se sentent culturellement proches de Venise, cette grande puissance maritime et commerciale qui produit de célèbres pigments exotiques. Mais d'où vient le secret ? Un peintre amateur, Ann Jemina Provis, prétend avoir retrouvé, dans les papiers d'un ancêtre ayant voyagé en Italie, la technique des peintres vénitiens du XVIe siècle et la vend aux académiciens pour dix guinées. La « recette » consiste à utiliser une préparation très absorbante à base d'huile de lin très raffinée, et à poser les couleurs en glacis sur un fond foncé fait de noir et de bleu de Prusse. Mais soudain, scandale ! James Barry, professeur de peinture à la

Thomas Girtin

17 *Street Scene near Paris*
(Scène de rue près de Paris),
1802
Aquarelle, 14,2 x 30 cm., s. d.
Londres, Victoria and Albert Museum,
1087-1884.

Royal Academy, dénonce dans un pamphlet le « secret de Venise » comme une fraude, un piège purement commercial où se seraient laissés prendre quelques académiciens soucieux de prestige. Barry ridiculise l'ensemble de la Royal Academy et en fait la risée du continent européen. En 1799, le pamphlet est republié avec le texte des cours de Barry[18]. Les académiciens perdent patience, réunissent un comité extraordinaire, composé des tenants du « secret de Venise » et, la même année, James Barry perd son poste de professeur. Pour la Royal Academy, l'affaire est close. Mais pendant les vingt années qui suivent, de nombreuses allusions directes et indirectes à l'échec du « secret de Venise » reviennent hanter les écrits des peintres de cette génération.

Dans ce contexte, les aquarellistes se gardent de présenter leur propre technique comme une innovation. Encouragés par le succès de l'exposition de 1797, ils font sécession et forment la Society of Painters in Water Colours en 1804. Leur première exposition indépendante, en 1805, est un immense succès. Les académiciens sont les premiers à venir et à couvrir d'éloges les aquarellistes :

« La noble candeur et la générosité d'esprit manifestées par la Royal Academy en faveur de cette institution [la Society of Painters in Water Colours], est particulièrement remarquable si l'on considère que les académiciens sont pour la plupart des peintres à l'huile. À l'ouverture de la première exposition des aquarellistes à Brook Street, Grosvenor Square, les peintres de la Royal Academy furent les premiers à emplir les salles ; et comme ils furent aussi les premiers à applaudir cette entreprise, nous avons de bonnes raisons de croire qu'ils furent unanimes et sincères dans leurs bons vœux de succès »[19].

Voici donc les aquarelles en passe de supplanter non seulement la peinture flamande ou hollandaise, comme on l'a vu plus haut, mais aussi, par la qualité des couleurs, la peinture vénitienne. La preuve en est donnée par l'éloge paru dans *The Repository of Arts*, en 1815 :

« Cet éclat des couleurs, si resplendissant dans les œuvres de l'école vénitienne, a été recherché par presque tous les artistes d'envergure, du Titien à nos jours... Il n'était pas venu à l'idée des peintres que les qualités chromatiques et l'éclat des œuvres du Titien et de Giorgione pourraient un jour être imités à l'aquarelle ; pourtant, les œuvres de certains de nos artistes contemporains, exerçant dans cette branche de la peinture, ont prouvé que la profondeur transparente et lustrée tant admirée pouvait être reproduite par ces matériaux, si étroitement liés aux sentiments de celui qui les emploie. Dans certains dessins [aquarelles] de Cristal, Varley et Havell, la richesse et la profondeur du style vénitien sont évidentes »[20].

La crise qui affecte la peinture à l'huile est aggravée par sa mauvaise conservation. Après l'échec du « secret de Venise », en 1797, les peintres ont repris les méthodes initiées par Reynolds. Ils mélangent à la cire d'abeille, les résines, les gommes, le bitume, le suif, le jaune et le blanc d'œuf, la poudre de verre[21]. Déjà, du vivant de Reynolds, ses pigments pâlissaient, mais on lui pardonnait sa témérité technique, jugée néces-

saire à son grand art. Au début du XIXe siècle, ses tableaux commencent à s'écailler et
à tomber en morceaux. Il en est de même pour la génération suivante, les Northcote,
Opie, Hoppner, Ibbetson...[22]. Les aquarellistes n'ont donc aucun mal à démontrer que
l'aquarelle est une technique ni plus ni moins fragile que l'huile. Dans un discours de
1806 publié en 1821, William Marshall Craig déclare que la technique de l'huile a fait
son temps sur le continent et ne s'imposera jamais en Angleterre[23]. Dans le catalogue
de l'exposition organisée en 1821 par la Society of Painters in Water Colours, les
aquarellistes affirment même leur parité avec les peintres utilisant l'huile et osent pré-
tendre que si la peinture à l'huile était si résistante, le métier de restaurateur de tableaux
n'existerait pas[24].

Leur succès est soutenu par l'intérêt sincère du public et des acheteurs. Des manuels
sur les matériaux et techniques de l'aquarelle, à l'intention des artistes amateurs de la
bourgeoisie et de l'aristocratie, sont publiés et financés par les marchands de couleurs.
La première exposition indépendante des aquarellistes est un événement sans précédent, et les contemporains en sont conscients :
« À cette époque, il était de bon ton d'exprimer sa bienveillance à l'égard de ce domaine
artistique. Dans la bonne société, la conversation tournait infailliblement autour de
l'exposition de Brook Street, et les artistes ayant quelque réputation se voyaient priés
d'enseigner l'aquarelle [...]. Ainsi, en deux ou trois ans, l'art de l'aquarelle parvint à un
sommet, et la nation semblait fière de ces créateurs qui avaient su inventer un style de
peinture si nouveau et si beau »[25].

À la différence des tenants de la peinture à l'huile, jaloux de leurs secrets, les aquarellistes donnent en abondance des informations techniques, ce qui leur vaut l'estime
générale. L'intérêt témoigné au public par les marchands de couleurs se traduit aussi
dans la présentation des pigments : les peintures à l'huile continuent à être vendues
dans des vessies de porc, comme au XVIIIe siècle, alors que les aquarelles le sont sous
forme de petits pains solides, moulés et disposés dans des boîtes en acajou. Chaque
pain d'aquarelle porte la marque du vendeur ainsi que l'estampille du préparateur. Les
matériaux de l'aquarelle sont présentés comme des objets de luxe, à l'instar des
poteries de Wedgwood, contrairement à la peinture à l'huile vendue en quantité,
comme une vulgaire matière première[26].

Tandis que les peintres à l'huile critiquent les fournisseurs, les aquarellistes adoptent
le discours publicitaire des vendeurs de couleurs ; ils reconnaissent ouvertement
les atouts techniques des nouveaux matériaux[27], et remercient les fabricants de
leurs efforts. Pourtant, le bleu de cobalt est alors le seul pigment nouveau dans
l'aquarelle. C'est la peinture à l'huile qui fait les plus grands progrès à l'époque,
avec l'introduction du cuivre et du chrome, au grand dam des peintres les plus conservateurs[28]. La grande nouveauté de l'aquarelle est l'emploi direct de la couleur dans
le lavis. Girtin est le premier à s'en servir et produit, vers 1800, des œuvres d'une
étonnante vivacité, contrastant avec les lavis gris, semés de détails bruns, de ses
prédécesseurs.

**Joseph Mallord
William Turner**

18 *Fishermen in the sands*
(Pêcheurs dans les sables),
Crayon et encre,
Londres, Tate Gallery. CCLIX 214

William Wyld

19 *The Tuileries gardens*
(Les jardins des Tuileries),
1858
Aquarelle, 53,5 x 88 cm., datée,
Londres, Victoria and Albert Museum.

Cette aquarelle témoigne de l'aisance sociale de Wyld et du regard très mondain qu'il jette sur la société française dans laquelle il est très introduit depuis 1833. La finesse et la transparence de l'aquarelle montrent une recherche des effets de la peinture à l'huile.

Pour le populaire, l'aquarelle, par l'origine de ses composants, est associée à la puissance de l'empire colonial anglais. On trouve en effet, parmi ses matières premières, la gomme arabique et l'indigo, essentiels pour l'industrie textile. Les économistes Adam Smith et MacPherson ont montré comment l'Angleterre avait obtenu le monopole de la traite de la gomme arabique sur la côte ouest de l'Afrique à la fin du XVIIIe siècle, par un traité de paix avec la France, et un quasi-monopole sur l'indigo par la colonisation du Bengale : jusqu'à la guerre d'Indépendance des colonies américaines, on importait, en Angleterre, un indigo anglo-américain de mauvaise qualité, cultivé par les esclaves de Caroline du Sud. Après la perte des colonies américaines, on fit venir l'indigo de colonies espagnoles, comme le Vénézuela, ou de la colonie française de Saint-Domingue.

En colonisant l'Inde, l'Angleterre s'approprie les riches cultures d'indigo du Bengale. La France perd en revanche son indigo, en perdant Saint-Domingue pendant la Révolution. Les colonies espagnoles produisant peu, l'Angleterre devient, au début du XIXe siècle, maîtresse du commerce et de la production.

L'indigo et la gomme arabique, symboles de la puissance commerciale anglaise, introduits dans l'aquarelle depuis Girtin[29], ajoutent à son prestige. Au début du XIXe siècle, ce nationalisme artistique est fréquent et on le retrouve dans les écrits de l'époque, comme le discours de Martin Archer Shee en 1805, année de la première exposition de la Society of Painters in Water Colours :

« Quelle que soit la puissance ou la prospérité d'un État, quelles que soient ses richesses accumulées ou la splendeur de ses triomphes, c'est à ses réalisations intellectuelles qu'il doit sa renommée. Si [la Grande-Bretagne] a déployé dans les peintures à l'aquarelle une puissance, une vigueur, une âme, une richesse d'effets qui rivalisent avec les productions du chevalet, et surpassent les efforts de toute autre époque et nation, c'est à son génie, un génie sans nourrice, sans soutien, sans fortifiant, qu'il faut en adresser la louange »[30].

L'idée que l'aquarelle était un art anglais, par excellence, a prévalu jusqu'à nos jours.

Notes

1. H. Lemaître, « Aquarellistes anglais », *Études anglaises, Grande-Bretagne - États-Unis*, mai 1953, vol. VI, n° 2, p. 127, 132.

2. M. Pointon, *The Bonington Circle. English Watercolours and Anglo-French Landscape 1790-1855*, The Hendon Press, Brighton, 1985.

3. L. Johnson, *Prospects, Thresholds, Interiors. Watercolour from the national Collection at the Victoria and Albert Museum,* Cambridge University Press/Victoria & Albert Museum, Cambridge, 1994.

4. J. Farington, *The Farington Diary*, 21 mai 1808 (K. Garlick, A. MacIntyre, K. Cave, eds.), Yale University Press, Londres, 1978-1984.

5. *The Somerset House Gazette*, vol. I, n° 4, novembre 1823, p. 62.

6. Royal Academy, *Abstract of the Instrument of Institution and Laws of the Royal Academy of Arts in London. Laws and Regulations for the Students*, J. Cooper, Londres, 1797.

7. Q. Bell, *The Schools of Design*, Routledge & Kegan Paul, Londres, 1963, p. 24.

8. Cf. T. Bardwell, *The Practice of Painting made easy, or, the Art of Painting in Oil*, Londres, 1756.

9. *The Repository of Arts*, vol. IX, n° 49, janvier 1813, p. 23.

10. J. Bayard, *Works of Splendour and Imagination. The Exhibition Watercolor 1770-1870*, Yale Center for British Art, New Haven, 1981.

11. *The Repository of Arts*, vol. IX, n° 49, janvier 1813, p. 23.

12. *The Somerset House Gazette*, vol. I, n° 13, 3 janvier 1824, p. 194.

13. *The Somerset House Gazette*, vol. II, n° 30, 1er mai 1824, p. 47-48.

14. *The Somerset House Gazette*, vol. II, n° 30, 1er mai 1824, p. 46.

15. Un critique francais en 1855, cité par J.-L. Roget, *A History of the 'Old Watercolour' Society*, 2 vol., Longmans, Londres, 1891, vol. I, p. 90.

16. R. Hearn, *The Production of Paintings in Watercolours in early XIXth Century Britain : the Shift from Oil-Supremacy to Watercolour Ascendency,* thèse de doctorat, University of Sussex, 1994.

17. B. R. Haydon, *The Diary of Benjamin Robert Haydon* (W. B. Pope, ed.), Harvard University Press, Cambridge, Mass., 1960, vol. I, p. 345-346, 16 mars 1814.

18. J. Barry, *A Letter to the Diletanti Society...* (1797), 2e éd., J. Walker, Londres, 1790.

19. *The Somerset House Gazette*, vol. I, n° 9, 6 décembre 1823, p. 130.

20. *The Repository of Arts*, vol. XIII, n° 77, mai 1815, p. 293-294.

21. R. Hearn, *op. cit.*

22. *Ibid.*

23. W. W. Craig, *A Course of Lectures on Drawing, Painting, and Engraving..., delivered in the Salon of the Royal Institution...*, Longmans, Hurst, &c., Londres, 1821.

24. « The Society of Painters in Water Colours », *Exhibition of the Society of Painters in Water Colours. The Seventeenth*, Bensley, Londres, 1821.

25. *The Repository of Arts,* vol. IX, n° 52, avril 1813, p. 221.

26. *Ibid.*

27. *Ibid.*

28. R. Hearn, *op. cit.*

29. *Ibid.*

30. M. A. Shee, *Rhymes on art; or, the Remonstrance of Painter*, J. Murray, Londres, 1805, p. XII-XIII, 46.

**Louis Gabriel
Eugène Isabey**

23 *Marché à Calais,*
    Aquarelle, 18,5 x 26,5 cm., s. b. c.
    Paris, Galerie de Bayser.

L'influence anglaise
sur la
peinture française
de paysage

Moyens de rencontre
et sensibilité commune

C H R I S T I N E   K A Y S E R

**Richard
Parkes Bonington**

20 *The Castle of the Duchesse de Berry,*
vers 1825
Aquarelle, 20,3 x 27,2 cm.
Londres, British Museum. 1910.2.12.223

Paul Huet

21 *Le château de Rosny,*
Aquarelle et encre, 19,8 x 24,7 cm.
Paris, Musée du Louvre. RF 31711

« *L*'originalité du paysage romantique est d'associer une étude aiguë et approfondie de la nature à un objectif symbolique ou même métaphysique.* »

Ces mots de John Gage définissent un mouvement pictural commun aux écoles anglaise et française.

Les moyens de rencontre entre peintres des deux pays, de 1820 à 1880, sont multiples : voyages, salons, Expositions Universelles, travail en commun sur les côtes normandes, ouvrages collectifs sur les traces des monuments gothiques en Normandie et Picardie.

John Crome est présent au Salon de 1814, Bonington au Salon de 1822, avec Copley Fielding. Ils obtiennent une médaille d'or, de même que Constable, au Salon de 1824, en présence de Wyld. Au Salon de 1827, ce sont encore Constable, Bonington et Lawrence. À l'Exposition Universelle de 1867 à Paris, Degas remarque l'importance de la présence anglaise.

À la suite de Bonington, et grâce à la protection de Louis-Philippe, roi anglophile, un groupe d'aquarellistes anglais s'installe pour un temps à Paris : Wyld, Callow, « les » Fielding... Ils constituent, selon l'expression de Marcia Pointon, « le cercle de Bonington »[1]. Turner et Girtin sont déjà venus en France en 1801-1802, lors de la Trève d'Amiens qui permet à Girtin de réaliser ses vues de Paris.

À la suite de Géricault qui séjourne en Angleterre en 1820, de nombreux artistes français se rendent à Londres : en 1821 Nodier et Isabey, en 1825 Delacroix, et plus tard Dupré, Troyon, Daubigny. Corot et Courbet vont à Londres pour l'Exposition Universelle de 1862.

Ces rapprochements des peintres favorisent le rapprochement des œuvres : vers 1825, la duchesse de Berry, mécène des Arts, voit son château de Rosny peint avec le même ciel nuageux par Bonington et Huet [fig. 20 et 21], qui voyagent ensemble, puis par Corot, dans son tableau de 1840 [fig. 22]. Le point de vue adopté par les deux premiers artistes donne au ciel chargé de pluie une place qui rappelle le tableau de Constable *Malvern Hall*, 1809 (Tate Gallery). La forte présence de l'étang confère à ces aquarelles un caractère mystérieux, proche de *La mare au Diable*. Le tableau de Corot, de facture plus classique, se concentre sur l'architecture, tout en accordant aux personnages une place très pittoresque et intime, qui annonce les impressionnistes.

Camille Corot

22 *Rosny, le château de la duchesse de Berry,*
1840
Papier marouflé sur toile, 24 x 35 cm.
Paris, Musée du Louvre. RF 2602

Marie-Caroline de Naples est, depuis 1816, l'épouse du duc de Berry ; cette jeune femme intelligente fonde avec son mari la Société des Amis des Arts afin de promouvoir les œuvres de jeunes artistes. Elle s'intéresse particulièrement à la peinture moderne. Sa collection s'enrichit à chaque Salon d'œuvres anglaises, dont celles de Turner et de Bonington.

Après l'assassinat de son époux en 1820, la duchesse de Berry décide de s'installer dans sa propriété d'été, à Rosny, près de Mantes-la-Jolie. Le château, reconnaissable à sa façade de briques rouges du XVIᵉ siècle, fut jadis la demeure de Sully. La duchesse décide d'apporter quelques modifications à la vieille bâtisse. Les deux ailes sont achevées, le corps central est doublé afin d'y installer un salon. Ce dernier donne accès au jardin, redessiné à l'anglaise selon les plans de Jean-Baptiste Isabey. La renommée de la duchesse explique les nombreuses représentations picturales dont elle fut le sujet. Sa vie, son portrait, son château sont de passionnants thèmes d'inspiration pour les artistes.

B. P.

Richard Parkes Bonington

24 *Ruins of the Saint-Bertin Abbaye,*
    Saint-Omer, vers 1814
    Huile sur toile, 49,5 x 61 cm.
    Nottingham, Castle Museum and Art Gallery.
    7.85

Jean-Baptiste Camille Corot

25 *Vue de l'intérieur de la cathédrale de Sens,*
    1874
    Huile sur toile, 40 x 61 cm.
    Paris, Musée du Louvre. RF 2225

Les voyages pittoresques et romantiques dans l'ancienne France, publiés par Taylor, Nodier et Caillieux en 1825, réunissent les Anglais Bonington, Prout, William et John Harding, ainsi que les Français Sabatier, Chapuy, Dauzats, Isabey. En 1836, Thomas Shotter Boys publie *Paris ancien et moderne,* avec Dauzats et Deroy. Dans ces vues pourtant très « normalisées », la sensibilité anglaise est perceptible. On distingue dans le traitement des façades des maisons chez Bonington, comme chez Prout, une recherche de relief par la lumière, modulant le bois vieilli des colombages, et des effets de ciel que l'on ne trouve pas dans le traitement plus froid de Dauzats. Cette manière de faire ressortir les matériaux, ou de choisir des angles surprenants, est issue de l'école du « pittoresque » définie par l'anglais William Gilpin, pour les œuvres topographiques à l'aquarelle.

Sa lumière liquide et sereine, très pure, qui caresse les pierres, se retrouve dans l'œuvre de Bonington *Ruines de l'abbaye de Saint-Bertin à Saint-Omer,* de 1824 [fig. 24]. Le rapprochement est possible entre ce mode de traitement de la ruine, et l'œuvre de Corot *Intérieur de la cathédrale de Sens,* 1874 [fig. 25]. Chez Corot, la lumière est également calme et comme éternelle, abstraite, à la manière encore de l'œuvre du Hollandais Gerard Houckge, *Le mausolée de Guillaume d'Orange,*1651 (Mauritshuis, La Haye). L'œuvre de Delacroix, *Ruines de la chapelle de Valmont,* 1831 (Collection particulière) rappelle aussi cette œuvre de Bonington, que Delacroix connaissait intimement depuis 1823. Au personnage appuyé à la colonne de l'œuvre de Bonington, Delacroix a substitué un artiste assis sur la gauche, dessinant ces mêmes colonnes[2].

La proximité de Corot et de Bonington, dans les sujets traités, sera constatée plusieurs fois encore. Aussi faut-il se souvenir des propos de Corot qui déclarait qu'une aquarelle de Bonington, vue dans la vitrine d'un marchand rue de la Paix, fut une révélation qui le décida à devenir peintre[3].

À travers les similitudes des oeuvres, on explore l'influence d'ordre technique et stylistique, mais elles permettent aussi, comme Andrew Wilton le suggère pour Bonington, de déceler les éléments d'une attitude morale et affective du peintre. Et, reprenant l'analyse de Marcia Pointon, on doit envisager « le paysage comme porteur d'éléments autobiographiques, mais aussi porteur de sens qui, au-delà du purement personnel ou esthétique, relève du social et du politique »[4].

Au-delà des voyages, le point de rencontre des peintres anglais et français, autour de 1830, est en effet une sensibilité commune, portée par une même évolution : découvertes scientifiques, sentiment de la fragilité de la nature et disparition d'un ordre ancien, moral, religieux et politique.

Notes

1. M. Pointon, 1985.
2. *Delacroix et la Normandie,* 1993-1994, n° 20.
3. A. Dubuisson et C. E. Hughes, 1924, p. 51, *in* M. Pointon, 1985, p. 110.
4. M. Pointon, 1985, p. 65.

Le Salon de 1824

OLIVIER MESLAY

« **P**ersonne n'est plus jaloux que moi de la gloire nationale, et ne voudrait lui conserver plus d'éclat : mais il faut être vrai avant tout et convenir que les paysages de M. Constable, peintre anglais, dont quelques ouvrages se voient au Salon, sont bien supérieurs à tout ce que nous avons produit cette année. Ils manquent de style, disent nos rétheurs ; c'est souvent un ruisseau bordé de rives peu pittoresques, ombragé de quelques saules, accompagné d'un horizon insignifiant : soit mais tout cela est plein de légèreté, de perspectives, de vérité, et suivant le propos ordinaire, c'est rempli d'air »[1]. Voilà, résumée par Thiers, l'opinion que les plus favorables des critiques du Salon de 1824 pouvaient exprimer à propos des paysagistes anglais et de Constable en particulier. Cette inclination n'était pas partagée par tous mais tous avaient remarqué les envois britanniques. Ce Salon est resté dans l'histoire de l'art français comme une rencontre mémorable, et la tradition veut aujourd'hui qu'une partie des liens qu'entretinrent au XIXe siècle les paysages anglais et français se fussent noués à cette occasion. Avant cette date, seules quelques œuvres avaient été montrées au Salon. Benjamin West, président de la Royal Academy, mais aussi Maria Cosway exposèrent une œuvre en 1802[2]. John Crome exposa un paysage de Norwich en 1814[3]. Des œuvres de peintres, tel Wallis[4], de graveurs, tels Raimbach, Wedgewood, les frères Thompson parurent dans les Salons de la Restauration entre 1814 et 1822. Le nombre d'artistes et d'œuvres restait limité. Le Salon de 1824 allait se révéler sensiblement plus important et son impact marquer d'autant plus facilement les mémoires qu'il fallut attendre 1827 pour qu'on en organise un autre. Isolé ainsi dans le temps, ses caractéristiques se gravèrent plus profondément dans les mémoires. Il faut pourtant en relativiser l'importance : le paysage anglais n'était pas inconnu, que ce soit par l'estampe, les recueils de vues de Girtin, John Claude Nattes et Frédéric Nash, les articles[5] ou le contact avec des artistes anglais visitant la France.

Les paysagistes anglais au Salon de 1824[6]

Les œuvres de Richard Parkes Bonington, John Constable, Copley Fielding, Thales Fielding, Henry Gastineau[7], James Duffield Harding[8], William Linton, Samuel Prout, James Roberts[9], Samuel Austin, John Varley et Charles Wild se trouvèrent ainsi réunies en nombre à Paris[10].

John Constable

26 *The Hay-Wain*
(La charrette de foin),
1821
Huile sur toile, 130,5 x 185,5 cm.
Londres, National Gallery. 1207

**Richard
Parkes Bonington**

27 *Les rochers de Fontainebleau,*
vers 1825
Huile sur carton, 24 x 32,5 cm.
New-Haven, Yale Center for British Art.
B 1981.25.55

Les personnalités étaient fort variées, du vedutiste parfois elliptique qu'était Bonington[11] au très pittoresque Samuel Prout[12], les œuvres tout autant, de l'aquarelle à l'huile en passant par l'estampe. Plusieurs artistes travaillaient en France depuis longtemps, comme Bonington, bien sûr, les frères Copley[13] et Thales[14] Fielding, Samuel Prout ; d'autres n'y étaient jamais venus. Les célébrités d'aujourd'hui, comme Bonington, Constable[15] ou John Varley[16] côtoyaient quelques personnalités moins connues, tels William Linton[17], Samuel Austin[18], Charles Wild[19].

Il faut noter que plusieurs artistes passaient de l'aquarelle à l'huile sans que l'emploi de l'un ou l'autre procédé induise une représentation et un traitement du paysage fondamentalement différents. Il faut aussi bien distinguer la tradition vedutiste anglaise de celle du paysage pur. L'effet et l'apport d'un paysage de Constable ne pouvaient être confondus, à l'époque, avec un Samuel Prout. Pour les critiques français ce n'est d'ailleurs pas l'usage de l'aquarelle qui est remarquable mais plus généralement une liberté dans la manière et la matière. Le paysage anglais est surtout, comme le dit Thiers, « rempli d'air ».

L'apport anglais au paysage français

L'influence du Salon de 1824 doit être évaluée avec prudence. L'esquisse, la recherche atmosphérique n'avaient pas été négligées par les paysagistes français mais ils n'avaient jamais vraiment osé en faire la valeur même d'un tableau achevé et public, le propos d'un tableau de Salon. Plus que l'emploi de l'aquarelle qu'ils connaissaient depuis plusieurs années, le travail sur le motif auquel Desportes s'appliquait déjà un siècle auparavant, ou même l'attention à l'éphémère que pratiquaient Valenciennes et ses élèves, c'est plutôt la valeur même de ces différents aspects que les Français vont ainsi réévaluer, assez lentement d'ailleurs. On peut se demander si cette vérité que recherchaient les artistes anglais et qu'admiraient les artistes français ne fut pas un réalisme précoce, comme le laisse deviner le commentaire de Thiers : « c'est souvent un ruisseau bordé de rives peu pittoresques, ombragé de quelques saules, accompagné d'un horizon insignifiant. » Constant Troyon, Théodore Rousseau ne chercheront rien, en tout cas, qui doive à la tradition anglaise du sublime ou du pittoresque topographique. C'est peut-être là tout l'apport du Salon de 1824.

Notes

1. Adolphe Thiers, « Salon de 1824 », articles parus dans *Le Constitutionnel*, recueil publié à Paris en 1903.

2. Benjamin West (1738-1820) : *Une esquisse représentant la mort sur un cheval pâle ou l'ouverture des sceaux*, 6 C. de Revel. v. 7 et 8 (n° 756) ; Maria Cosway (1759-1838), *Éros ou l'Amour débrouillant le Chaos* (n° 963).

3. *Vue des environs de Norwich* (n° 225).

4. John William Wallis (1770-1847).

5. Dès 1807, Turner faisait l'objet d'une notice séparée dans le *Magazine encyclopédique*.

6. Un article reste toujours essentiel malgré quelques erreurs : Basil Long, « The Salon of 1824 » in *The Connoisseur*, février 1924, pp. 66-76.

7. *Château de Saint-André, en Écosse* (n° 724) ; *Passage de Kirkotall, dans le comté d'York* (n° 725) ; *Preston, dans le comté d'York* (n° 726) ; *Lock Lomond, en Écosse* (n° 727) ; *Lock-Long, en Écosse.* (n° 728) ; *Vue de Southampton* (n° 729) ; *Vue d'Arrington, dans le comté de Cambridge* (n° 730) ; *Vue de Burstwick, comté d'York* (n°731).

8. *Vue d'Aysgarth, dans le comté d'York* (n° 865).

9. *Vue de Rouen, avant l'incendie de 1822* (n° 1454) ; aquarelle, *Vue de Beauvais, idem* (n° 1455).

10. Rappelons pour les portraitistes et peintres d'histoire, les œuvres de John Z. Bell (1794-1883), n° 83 ; de Sir Thomas Lawrence (1769-1830), n° 1053 portrait du duc de Richelieu ; un autre portrait hors catalogue (Mrs Harford); de Stephen Catterson Smith (1806-1872), n° 1577 à 1579 ; des graveurs Charles Thompson (1791-1843) et John Taylor Wedgewood (1783-1856).

11. *Étude en Flandre* (n° 188) ; *Marine* (n° 189) ; une aquarelle, *Vue d'Abbeville* (n° 190) ; Marine, *Des pêcheurs débarquent leur poisson* (n° 191) ; *Une plage sablonneuse* (n° 192) ; auxquelles s'ajoutent des œuvres, aquarelles et lithographies, présentées sous le nom des éditeurs Ostervald et Engelmann (n° 1280 à1284 et n° 2101).

12. *Vue de Cologne*, aquarelle (n° 1379) ; *Vue d'Augsbourg, idem* (n° 1380) ; *Vue d'Utrecht, idem* (n° 1381) ; *Une marine, idem* (n° 1382).

13. Des huiles *Vue de Hastings sur les côtes du Sussex* (n°361) ; *Vue de Hythe et des marais de Romney* (n° 362) ; *Vue de la Tamise à Deptford, près de Londres* (n°363) ; des aquarelles *Vue d'après nature en Angleterre* (n° 364) ; *Une petite marine* (n° 365) ; *Vue du château de Chepstow* (n° 366) ; *Vue du château d'Harlech* (n° 367) ; *Route dans une plaine* (n° 368) ; *Pleine mer avec embarcation* (n° 369) ; les numéros 366 à 369 appartenaient au marchand Schroth.

14. *Moulin près de la barrière d'Italie* (n° 648) et un cadre contenant des aquarelles (n° 649). Il exposait aussi une aquarelle représentant *Macbeth rencontrant les sorcières sur la bruyère* (n° 647).

15. *Une charrette de foin traversant un gué auprès d'une ferme*, paysage (n° 358) (fig. 26) ; *Un canal en Angleterre*, paysage. On voit sur le premier plan des barques et des personnages (n° 359) ; *Vue près de Londres ; Hampstead Heath* (n° 360). Il faut ajouter aux œuvres présentées à Paris en 1824 les œuvres présentées en province, à Lille en 1825 (n° 98) : *Deux vues des canaux d'Angleterre*, même numéro, envoi qui reçut la médaille d'or. Constable exposa aussi en 1827 à Douai (n° 73) : *Vue prise sur un canal en Angleterre*. On voit sur le premier plan des barques et des personnages. Voir les deux volumes de catalogue de l'exposition de 1993 : *Éclat artistique de la France du Nord, 1815-1848. Les Salons retrouvés*. Les œuvres de Constable appartenaient au marchand et peintre Arrowsmith qui, né à Paris en 1798, fut l'un principaux artisans de l'introduction du paysage anglais en France (il possédait aussi, par exemple, une des œuvres de Prout, *Vue de Cologne*, au même Salon). Il exposa lui-même en 1827, à Douai par exemple. Une de ses œuvres, *Intérieur de l'église de Montmartre*, est conservée au musée Magnin à Dijon.

16. *Montagne de Morne en Irlande* (n° 1687) ; *Une composition* (n° 1688).

17. *Une marine* (n° 1164).

18. *Vue de l'île de Wight, en Angleterre* (n° 1516).

19. *Vue prise de l'intérieur de la cathédrale d'Amiens* (n° 1757) ; *Nef de la cathédrale de Reims* (n°1758) ; *Vue prise dans l'intérieur de l'église de Saint-Ouen de Rouen* (n° 1759) ; *Portail du midi de la cathédrale de Chartres* (n° 1760).

Brighton, worthing in the distance

John Constable

28 *Brighton,*
  Album de Delacroix, f°1
  Gouache, 8,4 x 10,8 cm.
  Paris, Musée du Louvre. RF 6234

On crut, jusqu'en 1964, que ce carnet était intégralement de la main de Delacroix. Des doutes émis par M. Sérullaz (1965, pp. 366-369) trouvèrent un écho auprès de MM. G. Reynolds et E. Croft-Murray et aboutirent à la publication d'un article rendant à Constable une partie des dessins et annotations, dont le f°1 et f°3 recto (G. Reynolds, *The Burlington Magazine*, 1966).

Delacroix semble n'avoir jamais rencontré Constable. L'annotation de Constable concernant l'auberge du cygne à Pulborough, f° 53, permet d'affirmer que l'artiste détenait encore le carnet vers 1834. Les dessins de Delacroix datent de son séjour à Dieppe, en 1851.

M. et A. Sérullaz

Delacroix et l'Angleterre

ARLETTE SÉRULLAZ

Eugène Delacroix

31 *Vue de la campagne anglaise avec trois arbres et une clôture,*
Aquarelle, 24,1 x 29,8 cm.
Paris, Musée du Louvre. RF 9887

Dès son adolescence, Delacroix est initié, par des amis, à la culture anglaise. Horace Raisson, futur secrétaire de Balzac, le présente à Raymond Soulier, dont le père avait émigré en Angleterre, et Delacroix prend avec lui des leçons d'anglais et d'aquarelle. C'est grâce à lui qu'il fait la connaissance des frères Fielding, Newton, Copley et Thales, venus travailler à Paris dans les années 1820, à l'instigation de l'éditeur J. F. Ostervald l'Aîné. Des trois frères, Thales surtout, le plus jeune, se lie d'amitié avec Delacroix. En 1824, les deux artistes, peu argentés, partagent un même appartement, 20 rue Jacob, et travaillent côte à côte. Des portraits croisés – Delacroix par Thales et Thales par Delacroix – témoignent de cette amitié.

L'anglomanie de Delacroix, qui l'incite parfois à signer ses lettres *Yorick*, est sans doute renforcée au contact du petit cénacle de « Monsieur Auguste », artiste dilettante, grand voyageur dont la famille a la passion de tout ce qui vient d'Outre-Manche et pousse le raffinement jusqu'à adopter la mode anglaise. Chez « Monsieur Auguste » (Jules Robert Auguste, 1789-1850), Delacroix retrouve en effet les Fielding, Théodore Géricault, son condisciple de l'atelier de Guérin, qui a fait le voyage de Londres en 1820, et Bonington, rencontré pour la première fois au Musée du Louvre en 1816. Ce dernier, sans doute, le pousse à se rendre en Angleterre au printemps 1825, à défaut de pouvoir aller en Italie.

Après une traversée éprouvante, Delacroix débarque à Douvres le 19 mai « entre midi et demi et une heure ». Dans une lettre adressée de Londres, le 27 mai, à ses amis d'enfance Pierret et Guillemardet, le peintre livre ses premières impressions de l'Angleterre, au demeurant réservées : « [...] J'ai eu à Douvres le temps de monter sur les falaises dont Copley Fielding a fait une belle aquarelle que tu te rappelles, et de voir le château qui domine la mer. Mes premiers pas en Angleterre ne m'ont pas charmé [...]. En arrivant à Londres mon idée constante était que je me trouverais bien malheureux d'être obligé d'y rester éternellement. Je suis pourtant d'un naturel assez cosmopolite. Mais je ne doute pas que ce que j'ai trouvé de choquant ne vienne de mon manque d'habitude des usages. » La ville de Londres le surprend notamment par son immensité : « Les ponts sur la rivière sont à perte de vue les uns des autres. Ce qui m'a le plus choqué, c'est l'absence de tout ce que nous appelons architecture. Préjugé ou non, cela me déplaît. »

Peu à peu, cependant, la mélancolie et la mauvaise humeur cèdent le pas à l'attrait des promenades le long des bords de la Tamise avec les amis Fielding, au plaisir des ren-

Ce dessin, resté longtemps inédit car il était collé aux quatre coins, ne fut découvert et publié qu'en 1952. Selon Johnson, certaines des études du verso auraient été exécutées d'après le groupe du couronnement d'Henri V, proclamé Roi de France à Westminster Abbey (Johnson, 1956, p. 24). Ce paysage et son verso ont donc été réalisés lors du séjour de Delacroix à Londres, de mai à fin août 1825.

M. et A. Sérullaz

Eugène Delacroix

29 *Album Delacroix,*
    Paysage de la campagne anglaise,
    Aquarelle, 4V, 14,3 x 23,4 cm.
    Paris, Musée du Louvre. RF 9143

contres avec certains confrères, Lawrence et Wilkie principalement, et surtout au bonheur d'aller au théâtre. « Les bords de la Tamise sont charmants. J'ai retrouvé tous les paysages qui viennent à chaque instant sous la main de Soulier. » (Lettre conservée au Musée du Louvre, département des arts graphiques.)

Le 6 juin, sur un ton plus enjoué, Delacroix écrit à Soulier qu'il se plaît davantage à Londres depuis qu'il s'est mis à travailler : « Les chevaux, les voitures, les trottoirs, les parcs, la Tamise, Richmond et Greenwich, les vaisseaux, tout cela demanderait des volumes de lettres et nous en parlerons à loisir. Ce pays convenait tout à fait à ton talent. L'Italie a mis le désordre dans ta boutique. Je retrouve constamment ces ciels, ces rivages, tous les effets qui reviennent constamment sous ton pinceau » (La copie de cette lettre se trouve à la bibliothèque d'Art et d'Archéologie).

Ayant eu plusieurs fois l'occasion de se rendre au théâtre, Delacroix confie à Pierret les réactions passionnées que lui inspirent les pièces de Shakespeare, *Richard III, Henri VI, Othello, Hamlet* ou *Le Marchand de Venise* : « Les expressions d'admiration manquent pour le génie de Shakespeare qui a inventé Othello et Iago » (Lettre du 27 juin ; Musée du Louvre, département des arts graphiques).

À l'évidence touché par l'accueil qu'il reçoit, Delacroix s'efforce d'utiliser son temps au mieux : « M. Elmore [il s'agit d'un marchand de chevaux] est on ne peut plus aimable avec moi. Je me suis mis depuis peu de temps à travailler chez lui. » Les 8 et 9 juillet, l'artiste se rend avec un ami (Édouard Bertin ?) et probablement Bonington, chez le Dr Meyrick dont la collection d'armes et d'armures est réputée. Sur le trajet qui le conduit de son logement dans Charles Street, Middlesex Hospital à Upper Cadogan Place, où demeure le Dr Meyrick, il prend soin de dessiner dans un album (conservé au Musée du Louvre) la vue de l'abbaye de Westminster qu'il découvre depuis St Jame's

Eugène Delacroix

30 *Album de Delacroix,*
   Paysage de la campagne anglaise,
   Aquarelle, 5R, 14,3 x 23,4 cm.
   Paris, Musée du Louvre. RF 9143

Park [fig. 29 et 30]. Sur place, il s'empresse de copier différentes pièces de la collection (plusieurs de ces dessins sont au Musée du Louvre). Le même intérêt le pousse, un autre jour, à dessiner, à l'intérieur de l'abbaye de Westminster, toujours en compagnie de Bonington, les figures ornant les tombeaux.

Le 1er août, Delacroix informe Pierret qu'il part le lendemain pour un petit voyage « moitié par la Tamise, moitié par la mer. C'est sur le yacht d'un ami de M. Elmore. Je suis fou de la marine, et j'irai peut-être sous peu dans le Cornwall, avec Isabey Eugène qui est ici et fort bon garçon. Ce serait un voyage d'une quinzaine sur les plus sauvages côtes d'Angleterre » (La lettre est conservée au Musée du Louvre). Le 12 août, une nouvelle lettre adressée à Pierret contient des détails sur ce voyage « fort agréable » et sur les quelques jours passés dans un château en Essex : « Comme le temps était contraire pour retourner à Londres, nous avons fait plusieurs excursions par quelques mauvais temps qui m'ont fait voir la mer un peu méchante » (Lettre conservée au Musée du Louvre, département des arts graphiques).

En fait, jusqu'à la fin de son séjour en Angleterre, Delacroix ne cesse d'être troublé par des sentiments contradictoires, partagé entre son incompréhension persistante du tempérament britannique - l'Angleterre lui paraît un pays peu amusant - et le plaisir éprouvé à rencontrer des personnalités de qualité, tel le célèbre portraitiste Sir Thomas Lawrence (1769-1830) qu'il considère comme « la fleur de la politesse et un véritable peintre de grands seigneurs ». A-t-il eu l'occasion de rendre visite à Constable, pour qui le marchand anglais Schroth, établi à Paris, lui avait donné une lettre d'introduction ? Nul ne le sait, et pourtant Delacroix a bel et bien eu entre les mains un petit album orné partiellement de croquis et d'aquarelles de Constable (l'album est conservé au Musée du Louvre), dont il utilisa à son profit, au cours d'un séjour à Dieppe en 1851, certains feuillets laissés vierges [fig. 28].

Eugène Delacroix

32 *Vue de Paris,*
carnet vers 1830
Aquarelle, 27,5 x 10 cm.
Paris, Collection particulière.

Quoi qu'il en soit, auprès de Bonington, dont la légèreté dans l'exécution de l'aquarelle l'éblouit, auprès de Lawrence, collectionneur avisé de dessins de maîtres et portraitiste inimitable de la femme, et en écoutant Kean déclamer les vers de Shakespeare, Delacroix, à l'évidence, parfait sa connaissance de la littérature et de l'art anglais. L'incidence de son bref séjour londonien (mai-août 1825) sur l'évolution de sa palette et l'enrichissement de son invention est, pour cette raison, incontestable.

Delacroix et l'aquarelle

« Le charme particulier de l'aquarelle, auprès de laquelle toute peinture à l'huile paraît toujours rousse et pisseuse, tient à cette transparence continuelle du papier ; la preuve, c'est qu'elle perd de cette qualité quand on gouache quelque peu ; elle la perd entièrement dans une gouache. »

DELACROIX, *Journal,* 6 octobre 1847.

À l'instar de beaucoup d'artistes français de sa génération, Delacroix est attiré très tôt par la technique de l'aquarelle, dont il découvre toutes les ressources grâce à ses amis peintres anglais, Richard Parkes Bonington (1802-1828), Thales, Copley et Newton Fielding, ces derniers présents en France dès 1821. Une lettre écrite par Delacroix, vers la fin de sa vie, au critique d'art Théophile Thoré qui souhaitait avoir des renseignements sur Bonington, est, sur ce point, parfaitement explicite : « Quand il m'est arrivé de le rencontrer pour la première fois, j'étais moi-même fort jeune et je faisais des études dans la galerie du Louvre : c'était vers 1816 ou 1817. Je voyais un grand adolescent en veste courte, qui faisait, lui aussi et silencieusement, des études à l'aquarelle, en général d'après des paysages flamands. Il avait déjà, dans ce genre, qui, dans ce temps-là, était une nouveauté anglaise, une habileté surprenante [...]. À mon avis, on peut trouver dans d'autres artistes modernes des qualités de force ou d'exactitude dans le rendu supérieures à celles de Bonington, mais personne dans cette école moderne, et peut-être avant lui, n'a possédé cette légèreté dans l'exécution, qui, particulièrement dans l'aquarelle, fait de ses ouvrages des espèces de diamants dont l'œil est flatté et ravi, indépendamment de tout sujet et de toute imitation » (Lettre écrite le 30 novembre 1861, à Champrosay. *Correspondance générale d'Eugène Delacroix,* publiée par André Joubin, Paris, 1936-1938, IV, p. 286).

À la recherche de son style, entre 1818 et 1832, Delacroix, qui s'essaie à toutes les techniques, n'a guère pratiqué l'aquarelle de façon systématique. Les œuvres exécutées alors sont en général très denses, avec des dominantes de bleu de Prusse, de vermillons et de bruns, à l'imitation des aquarelles de Géricault. D'autres, en laques et en bruns, souvent « vernies » par l'adjonction de gomme arabique, attestent l'empreinte des compagnons anglais, les frères Fielding et surtout Bonington. Les plus aérées et fluides, études de paysages au ciel nuageux ou limpide, sont inspirées de Constable que Delacroix ne semble pas avoir fréquenté lors de son séjour en Angleterre mais dont il avait admiré les tableaux exposés à Paris en 1824, en particulier *La charrette de foin,* révélation du Salon cette année-là. L'artiste poursuivra dans cette voie, qui préfigure les recherches des précurseurs de l'impressionnisme, jusqu'à la fin de sa carrière.

Bagage léger des promenades et des voyages, particulièrement adapté pour fixer des souvenirs ou ébaucher des scènes, la technique de l'aquarelle a permis à Delacroix de déployer toutes les ressources de son imagination et de sa sensibilité, sans tomber dans le pittoresque. Après les Anglais, avant Cézanne, Delacroix a senti combien l'aquarelle était propice à l'évocation des subtilités de la lumière et de l'atmosphère. Changeantes, noyées et diffuses, mais aussi parfois chatoyantes et poussées jusqu'à l'intensité, ses aquarelles les plus élaborées se haussent au niveau de l'invention picturale. Utilisée pour renforcer un dessin à la mine de plomb ou à la plume, ou bien réalisée uniquement au pinceau, dans des gammes de coloris nuancés, l'aquarelle a contribué à placer Delacroix parmi les plus prestigieux coloristes de tous les temps, de Dürer à Cézanne, Bonnard ou Matisse.

Arlette Sérullaz.

La Normandie redécouverte

Le renouveau du paysage
à travers trois recueils de vues gravées de l'époque romantique

BARTHÉLEMY JOBERT

L'abondance, pour ne pas dire la surabondance de la production gravée est sans conteste l'une des caractéristiques majeures de l'évolution des arts graphiques au XIXe siècle. Et, dans cette production, les vues topographiques occupent une place de choix. Leur importance, quantitative, qualitative, a été depuis longtemps soulignée[1]. Elles sont pourtant encore trop négligées dans l'étude et l'analyse du paysage en France et plus généralement en Europe, en un siècle qui, justement, voit ce genre supplanter peu à peu la peinture d'histoire comme le lieu privilégié de l'innovation stylistique. Leur utilisation est le plus souvent d'ordre documentaire. Nous plaidons quant à nous pour une vigoureuse réévaluation de l'estampe de paysage romantique. On ne saurait en effet la réduire à un simple rôle de diffusion et de circulation des images. Cet aspect est certes essentiel, et suffirait d'ailleurs à la placer au premier plan. Mais d'autres éléments plaident en sa faveur.

En tant que telle, la gravure, art libre par excellence, a pu en effet permettre des avancées impossibles ou difficiles pour la peinture, enserrée qu'elle était dans les servitudes et les contraintes de la vie artistique officielle, notamment quant au choix du sujet. D'autre part la technique, si elle est maîtrisée, autorise toutes les audaces formelles. Pour peu qu'un artiste la domine, son talent et son expressivité peuvent s'y donner libre cours. Certains recueils de vues topographiques méritent ainsi de sortir d'une masse plus banale où l'on a peut-être tendance à les enfermer trop rapidement.

C'est ce que nous voudrions ici démontrer, à partir de trois exemples précis. On sait l'importance de la Normandie[2] dans le renouveau du paysage, et plus précisément dans le développement de l'aquarelle en France sous la Restauration. Les noms de Bonington, de Callow, de Boys, de Colin ou de Delacroix[3] viennent immédiatement à l'esprit. Les Anglais étaient naturellement attirés par la Normandie, à laquelle les attachaient de nombreux souvenirs historiques, et peut-être aussi une certaine similitude avec leur terre natale. Ils la firent, véritablement, redécouvrir aux artistes français. Le fait est bien connu, et il est inutile d'y revenir.

On est peut-être moins conscient que cette activité trouva, très tôt, des prolongements dans la publication de recueils de vues gravées, tant en France qu'en Angleterre. Le premier d'entre eux, au moins par sa conception, est dû à l'un des aquarellistes britanniques du début du XIXe siècle, aujourd'hui des plus renommés, John Sell Cotman, qui publia en 1822, en deux volumes, ses *Architectural Antiquities of Normandy*. Peu auparavant avaient commencé à paraître en livraisons, à Paris, les volumes consacrés à la Normandie dans les *Voyages pittoresques et romantiques dans l'ancienne France*, par Charles Nodier, Isidore Taylor et Alphonse de Cailleux[4]. Ces deux publications inaugurent une véritable exploitation artistique de la Normandie, tant par l'estampe que le dessin, l'aquarelle ou la peinture.

Les vues de la Normandie envahissent les échoppes et les vitrines des libraires, en feuilles isolées ou en recueil, ainsi que les cimaises du Salon. Aussi bien ne nous attacherons-nous pas à ce phénomène, qui ne rejoint que de loin la problématique que nous voulons ici développer. Nous nous contenterons, pour compléter l'étude des deux recueils de Cotman et de Taylor et Nodier, de verser au dossier celui publié dix ans plus tard par Turner, et qui prend pour sujet, lui aussi, la Normandie. Chacun de ces ouvrages répond à un objectif précis, à des contraintes particulières. Connaître les conditions dans lesquelles ils furent mis en œuvre est aussi essentiel pour mieux en cerner la portée. Ces différents éléments permettent surtout de mieux les individualiser et, partant, de leur redonner une véritable personnalité, au même titre qu'une peinture ou un dessin. Et, au-delà, une place plus en rapport avec leurs mérites au sein des autres productions graphiques de ce premier tiers du XIXe siècle.

Sans être véritablement connu du grand public, John Sell Cotman n'en était pas moins, vers 1815, relativement bien introduit dans les cercles artistiques londoniens[5]. Pour ce qui nous intéresse, il se singularise surtout par ses séjours normands, précoces et répétés. À la chute de l'Empire, il cherchait à atteindre un large public, qu'il n'avait jusqu'alors pas su capter. La publication de vues topographiques était un moyen classique d'y parvenir. Encore fallait-il attirer les acheteurs par un sujet neuf et original. La Normandie, qui venait de redevenir accessible, et que des liens historiques autant qu'artistiques rattachaient à l'Angleterre, offrait cette possibilité. Cotman avait l'expérience de ce genre de publication, avec ses volumes d'eaux-fortes parus en 1812, les *Architectural Antiquities of Norfolk*. Poussé par son mécène, le banquier Dawson Turner (qui allait écrire le texte des volumes), il décida d'en produire l'équivalent pour la Normandie et se rendit en France à cet effet. Les trois voyages d'étude qu'il entreprit en 1817, 1818 et 1820 nous sont connus avec une remarquable précision, tant par ses journaux et sa correspondance que par les lettres et les écrits de ses compagnons de voyage, au premier chef Dawson Turner et sa famille[6]. Cotman, en juin-août 1817, visita les principales villes normandes : Rouen, Caen, Coutances, Granville, Avranches et Le Havre. Il approfondit sa connaissance de la province l'été suivant, s'attardant principalement à l'ouest de Rouen et se rendant, entre autres, à Valognes et Cherbourg. Il avait dès lors réuni l'essentiel de sa documentation, sous forme de dessins à la mine de plomb repris pour ses eaux-fortes. Le troisième séjour de Cotman en Normandie, en juillet-septembre 1820, eut donc des visées moins déterminées. L'artiste travaillait plus pour son plaisir que dans la perspective de la publication. Les œuvres de ce

John Sell Cotman (1782-1842)

33 *Château d'Arques, entrée principale,* 1821
Eau-forte, pl. 24,8 x 31,6 cm.
Dans *Architectural Antiquities of Normandy*,
Éd. A. Levy, Paris, 1881 (Antiquités monumentales de la Normandie),
Paris, Bibliothèque d'Art et d'Archéologie, Fondation Jacques Doucet.

John Sell Cotman

34 *Château-Gaillard vu du Nord-Est,*
1821
Eau-forte, pl. 22,5 x 41,8 cm.
Dans *Architectural Antiquities of Normandy,*
Éd. A. Levy, Paris, 1881
(Antiquités monumentales de la Normandie),
Paris, Bibliothèque d'Art et d'Archéologie,
Fondation Jacques Doucet.

John Sell Cotman

35 *Château de Falaise,*
vu du Nord, 1821
Eau-forte, pl. 28,2 x 39 cm.
Dans *Architectural Antiquities of Normandy,*
Éd. A. Levy, Paris, 1881
(Antiquités monumentales de la Normandie),
Paris, Bibliothèque d'Art et d'Archéologie,
Fondation Jacques Doucet.

dernier séjour ne relèvent donc que très lointainement du champ couvert par cette étude, et nous ne nous en préoccuperons pas.

Les *Architectural Antiquities of Normandy* se situent dans la continuation directe des volumes précédemment consacrés par Cotman au Norfolk, tant par leur objet que leur composition. Il s'agit d'une publication tout à la fois savante et orientée vers un public plus large que celui des seuls « antiquaires ». Le côté érudit est apporté par le texte de Dawson Turner, qui, ayant puisé aux bonnes sources, donne pour chaque édifice un aperçu historique, archéologique et artistique, sans jamais tomber dans la facilité anecdotique. Les planches, quant à elles, respirent le sérieux et l'exactitude. Une vue générale du monument, extérieure ou intérieure, parfois les deux pour les plus importants, s'accompagne de planches décrivant plus particulièrement tel ou tel détail, chapiteaux, statues, sculpture ornementale, inscription même. Une élévation n'est pas rare, rapprochant la publication des livres d'architecture les plus classiques. Il arrive aussi que plusieurs vues, juxtaposées sans aucun effet typographique, soient rassemblées sur une même feuille.

Tout pittoresque semble ainsi banni. Le choix des angles de vue est neutre. Les vues d'ensemble sont le plus souvent rapprochées, et donnent la priorité à la description architecturale, non à l'impression éventuellement produite par tel ou tel bâtiment. Il n'y a donc que très peu de paysages panoramiques où le monument apparaît en petit. Églises, châteaux et maisons apparaissent au contraire en gros plan, très souvent de face, un peu moins en perspective cavalière. Là encore le rapprochement est patent avec les livres d'architecture. Une autre caractéristique va dans le même sens : l'absence presque complète de toute figure humaine dans les planches. Il y a bien quelques

Horace Vernet

36 *Grande église de l'abbaye de Jumièges,*
1820
Lithographie de G. Engelmann,
image 29,4 x 20,4 cm., pl. 8
Dans *Voyages pittoresques et romantiques dans
l'ancienne France, Normandie,*
Paris, Bibliothèque d'Art et d'Archéologie,
Fondation Jacques Doucet.

personnages de loin en loin, fidèles conversant dans une église, paysans normands devant la cathédrale de Rouen ou Saint-Pierre de Lisieux, ou encore quelques prisonniers et soldats dans les cryptes du Mont Saint-Michel. Mais ils ne semblent là que pour donner l'échelle. Ces figures isolées sont sans vie réelle. Nulle action ne les justifie, nul épisode ne les rassemble. Il y a un monde entre les Normands de Cotman, presque des fantômes perdus dans l'immensité architecturale, et ceux, bien plus vivants nous le verrons, des *Voyages pittoresques* ou des *Rivers of France*. Les *Antiquities of Normandy* ne sont pourtant pas à ranger dans la catégorie des simples ouvrages documentaires. C'est tout le talent de Cotman d'avoir réussi à imprimer sa personnalité à une œuvre que les choix de départ orientaient dans un sens contraire.

Une grande part de l'originalité des *Antiquities of Normandy* tient tout d'abord à ce que Cotman fut de bout en bout le maître de leur réalisation : il exécuta lui-même les planches, d'après ses propres dessins et sans l'aide d'aucun intermédiaire. L'unité des deux volumes en est bien évidemment renforcée. Par-delà le cadre strict dans lequel il s'était enfermé, dicté, très probablement, par des considérations strictement financières (il s'agissait de trouver un public pour rentabiliser l'entreprise), Cotman put imprimer directement sa personnalité à son ouvrage, en supprimant l'étape où ses dessins risquaient de perdre de leur saveur initiale, celle de la gravure d'interprétation. Aussi doit-on considérer les gravures de cet ouvrage comme une œuvre véritablement originale, au même titre que les aquarelles qui ont fait la réputation de Cotman.

Cette singularité vient également du procédé employé, l'eau-forte, où il est passé maître. Il sait parfaitement jouer des ressources du trait pour une description exacte du monument évoqué, jusqu'à reproduire le grain de la pierre. Mais sa modernité éclate avec évidence lorsqu'il prend prétexte d'un motif banal, buissons, rochers, pierrailles, pour une composition abstraite dans le détail, réaliste dans son ensemble. Les planches consacrées aux châteaux de Falaise, de Dieppe, d'Arques ou de Tancarville, et surtout les deux feuilles dépeignant Château-Gaillard, en offrant des vues d'ensemble et donc plus de paysage, à proprement parler, que les vues urbaines, les églises ou les maisons gothiques, sont de ce point de vue les plus spectaculaires. Mais que l'on regarde de plus près l'ensemble de l'ouvrage : chaque dessin présente des exemples de ces avant ou arrière-plans, où Cotman démontre l'économie, la maîtrise et la force de son trait. Il tourne ainsi à son profit les partis pris de départ, qui auraient pu faire des *Antiquities of Normandy* un ouvrage neutre et sans réel intérêt artistique. La marque de Cotman, c'est aussi l'atmosphère qui se dégage de ses planches, provenant tout autant du bâtiment lui-même (ainsi la multiplication oppressante des colonnes et des voûtes dans *La crypte du Mont Saint-Michel*) que du traitement choisi par l'artiste. Une atmosphère, une ambiance, un climat qui ne sont pas, d'ailleurs, sans anticiper à leur façon les travaux de Méryon trente ans plus tard. Ces vues d'édifices normands ne sont pas neutres. En éliminant peu ou prou la présence humaine, en donnant de fait le premier rôle au monument, Cotman crée peu à peu un sentiment d'étrangeté qui parfois confine au malaise. On n'est ni dans la réalité normande, ni dans l'abstraction des ouvrages d'architecture, mais dans un entre-deux indéfini, dont la matérialité s'impose par l'obsédante répétition d'un système descriptif particulier et original.

Il en va tout autrement des *Voyages pittoresques,* exactement contemporains des *Antiquities of Normandy.* Certes les deux publications présentent bien des aspects communs[7]. Le schéma d'ensemble est ainsi identique : une étude abondamment illustrée des principaux monuments médiévaux militaires, civils et religieux de la Basse-Normandie, pris successivement un par un. Les bornes chronologiques sont analogues : le Moyen Âge s'étend ainsi de la fin du Roman aux débuts de la Renaissance. Les visées savantes sont également présentes : on trouve dans les *Voyages pittoresques,* comme dans les *Antiquities of Normandy,* des planches entièrement dévolues à certains détails, notamment les chapiteaux, ou encore des plans, comme pour l'abbaye de Jumièges. Il n'en reste pas moins que, malgré la similitude des projets, la mise en œuvre est ici profondément différente.

Les *Voyages pittoresques* sont ainsi, avant tout, un travail d'équipe, là où, pour les *Antiquities of Normandy,* Cotman et Dawson Turner avaient suffi, seuls, à la tâche. L'entreprise est, il est vrai, dirigée d'une main ferme par Taylor. Mais Cailleux et surtout Nodier ont aussi mis la main au texte, et au choix des monuments représentés. Leur rôle s'effacera dans les publications suivantes, mais il est encore important dans ces premiers volumes normands. La technique employée pour l'illustration est, quant à elle, radicalement neuve. La lithographie, mise au point par Senefelder à l'extrême fin du XVIIIe siècle, n'avait en fait pris un véritable essor, tant en France qu'en Grande-Bretagne, que tout récemment, avec la fin des guerres napoléoniennes. Se lancer dans une publication d'une telle envergure, qui devait, à terme, couvrir la France entière, était ouvrir une voie nouvelle. La lithographie n'avait jamais, jusqu'alors, été employée aussi systématiquement et sur une telle échelle. La facilité d'exécution du procédé offrait de multiples avantages. Par un coût relativement bas, elle permettait de multiplier les illustrations. Alors que Cotman ne donnait qu'une ou deux planches par monument, et très exceptionnellement un peu plus, les *Voyages pittoresques* consacrent beaucoup plus de feuilles à chaque édifice, accumulant les points de vue extérieurs et intérieurs. Autre possibilité, celle d'intégrer l'illustration à la typographie même du volume. Les eaux-fortes de Cotman, tirées à part, sont reliées avec le texte. Mais elles n'en font pas strictement partie. La lithographie permet au contraire de jouer sur l'alliance entre le texte imprimé et l'image.

Ces possibilités seront abondamment exploitées dans la suite des *Voyages pittoresques,* notamment dans le volume dévolu à la Picardie, qui comporte des encadrements complets à la manière des manuscrits médiévaux. Elles sont déjà présentes, mais beaucoup plus timidement, dans ces livraisons normandes. Le gros des illustrations est en effet tiré à part, et inséré ensuite entre les pages de texte. Ce dernier comporte toutefois des vignettes à la fin de chaque chapitre, vignettes qui peuvent aussi bien représenter un détail de l'édifice concerné qu'une scène en rapport avec lui, mais d'où l'architecture

Alexandre Evariste Fragonard

37 *Château d'Arques, côté du Nord, vue prise du chemin de traverse,*
1821
Lithographie de G. Engelmann,
image 27,3 x 20,5 cm, pl. 76
Dans *Voyages pittoresques et romantiques dans l'ancienne France, Normandie,*
Paris, Bibliothèque d'Art et d'Archéologie,
Fondation Jacques Doucet.

Jules Louis Frédéric Villeneuve

38 *Chapelle du Saint-Sépulcre, Église de Saint-Jacques à Dieppe,* 1821

Lithographie de G. Engelmann, image 31,4 x 23,5 cm, pl. 75

Dans *Voyages pittoresques et romantiques dans l'ancienne France, Normandie,*

Paris, Bibliothèque d'Art et d'Archéologie, Fondation Jacques Doucet.

est absente : Jeanne d'Arc au bûcher pour la place du Vieux Marché à Rouen, ou des pêcheurs sur la plage pour l'église de Caudebec, par exemple. Le portail de l'église de Louviers, isolé de son contexte, participe ainsi à la composition même de la page où il s'insère, le blanc de la feuille renforçant l'effet du noir de la vignette, et l'élégance et la finesse de l'élévation du clocheton gothique. Le caractère novateur des *Voyages pittoresques* tient en partie à ces images, qui rompent avec leur objectif premier, tout en renforçant leur côté luxueux. La lithographie ne déploie pas encore ici toutes ses possibilités, mais elles sont néanmoins présentes. Quoi qu'il en soit, l'alliance entre un objectif relativement traditionnel, une publication de type archéologique et savant, et cette toute nouvelle technique aurait suffi à placer d'emblée les *Voyages pittoresques* à l'avant-garde du mouvement artistique. Cette position, toutefois, tient également à d'autres aspects.

Taylor sut en effet regrouper autour de lui un ensemble de dessinateurs à la fois cohérent et divers. La jeune génération romantique était ici au complet, Bonington, Géricault, Horace Vernet, Eugène Isabey, mêlée à des noms aujourd'hui moins connus mais qui, à l'époque, étaient de quelque renommée : Evariste Fragonard, Watelet, Ciceri, Bergeret, Atthalin, Gué ou Picot. Tous n'étaient pas des spécialistes du paysage, et encore moins de la gravure en taille-douce. La lithographie leur permettait un élargissement de leur champ d'activité traditionnel. Comme pour Cotman, il n'était plus d'intermédiaire entre la composition originale et son interprétation gravée, toutes deux étant dues au même artiste. Une conséquence était à craindre : que la publication se disperse et perde de son unité en employant une telle variété de talents, certains prometteurs, d'autres plus affirmés, la plupart en tout cas nettement individualisés. Ce n'est pas le moindre mérite de Taylor d'avoir unifié le travail de ses collaborateurs en respectant, autant que faire se pouvait, leur personnalité. Le cadre fixé était ainsi lâche et rigoureux : tous travaillèrent d'après des croquis pris sur place par Taylor, ou d'autres artistes soigneusement choisis par lui pour effectuer les relevés *in situ,* beaucoup plus rarement d'après leurs propres études. Le sujet, le caractère de chaque feuille étaient nettement déterminés par le maître d'œuvre. Mais chacun restait libre, ensuite, de s'exprimer dans les limites ainsi posées. C'est ce qui fait la force de pièces telles que la *Rue du Gros-Horloge* de Bonington ou l'*Intérieur de l'église Saint-Nicolas à Rouen* de Lesaint et Géricault. Elles s'intègrent naturellement dans l'ensemble de la publication, dont elles respectent les caractères généraux. Mais elles manifestent en même temps une conception et une sensibilité très originales dans le rendu descriptif. Ce balancement était absent des *Antiquities of Normandy.* Il est partie intégrante des *Voyages pittoresques.*

Autre différence, capitale : la mise en situation des monuments. Nous avons souligné la place des vignettes dans le rythme et la vie de l'ouvrage. Mais cette vie est d'abord apparente dans les grandes planches, relevées de personnages, voire d'épisodes développés. C'est là que réside l'originalité la plus profonde des *Voyages pittoresques.* Églises, abbayes et chapelles forment une large part des monuments décrits, d'où une abondance, somme toute normale, de messes, de prêches et de processions. Taylor et Nodier ont cependant évité toute répétition lassante, aidés sans aucun doute en cela par le talent des dessinateurs. À l'exemple de Fragonard, ceux-ci étaient rompus à la peinture de genre. Aussi chaque monument génère-t-il, en quelque sorte, une scène propre à le mettre en valeur. De multiples personnages animent ainsi l'intérieur de l'église Saint-Michel à Saint-Wandrille : quelques-uns prient dans le fond, agenouillés au pied de la croix. Une femme, assise sur un banc, est plongée dans son missel. Deux enfants de chœur discutent dans l'allée, l'un portant un cierge, l'autre un encensoir. Un mendiant est assis, appuyé contre un pilier, au premier plan à droite. À gauche un homme, debout devant un tableau de dévotion, écoute sa petite fille qui le prend par la main. Les uns et les autres, pourtant, ne volent pas la vedette au sujet principal de l'image, ce bas-côté qui emplit tout le dessin, rythmé par l'alignement des piliers et les poutres de la charpente. Un effet renforcé, de surcroît, par une mise en page très théâtrale qui joue sur le contraste d'un second plan très éclairé se découpant dans l'ouverture d'un premier plan, au contraire, très sombre. Les édifices religieux décrits dans les *Voyages pittoresques* sont ainsi, au sens propre, des lieux de culte. Un prêtre portant le calice et la patène, rentre, après un office, dans la sacristie de la cathédrale de Rouen ; quatre enfants de chœur, en aube, s'agitent avant une célébration au pied de l'escalier de l'église Saint-Maclou, préparant les vêtements de l'officiant ou respirant l'encens. Nous assistons à l'élévation dans la chapelle du Saint-Sépulcre de l'église de Caudebec, à une mission par un moine, probablement un capucin, devant les ruines de l'abbatiale de Saint-Wandrille, à l'entrée d'une procession dans l'église Notre-Dame à Eu, alors qu'un prêtre portant le saint sacrement sort de l'église de Lillebonne, devant des femmes agenouillées et des pauvres sous le porche.

L'équilibre est cependant toujours conservé entre ces épisodes narratifs et la visée descriptive de la planche. C'est l'architecture qui dicte la composition, non la scène qui l'anime, un peu gauche quelquefois quand elle apparaît par trop plaquée sur le décor. Mais le cas se présente rarement. Les dessinateurs ont su, au contraire, varier les effets, que ce soit par la multiplicité des angles de vue, l'échelle adoptée pour la description des édifices, ou encore la place accordée aux personnages. L'église Saint-Michel de Saint-Wandrille semble, par exemple, relativement basse et petite, à l'inverse de l'abbatiale de Fécamp, dont l'élévation de la nef, prise de côté, se découpe dans une ogive qui accentue encore sa hauteur, renforcée par deux groupes de paysannes normandes en prières, tout au bas de la feuille. Les planches les plus réussies allient ainsi présence humaine et mise en scène de l'architecture, comme pour la chapelle du Saint-Sépulcre dans l'église Saint-Jacques à Dieppe, ou pour l'intérieur de Notre-Dame à Eu. La lumière des cierges met admirablement en valeur le gothique flamboyant de Saint-Jacques, soulignant l'atmosphère de prière fervente pour les marins encore en mer, explication donnée dans le texte. À Notre-Dame, c'est une fenêtre de la clôture du chœur, finement ouvragée, qui occupe le centre de la composition. Quelques fidèles, dans le déambulatoire, suivent l'office célébré par un prêtre, au second plan, et que l'on distingue au travers de l'ouverture. Il est aussi des scènes plus « laïques » : plaideurs et avocats discutent d'abondance dans la cour du palais de Justice de Rouen, et un galant conte fleurette à une accorte paysanne au pied de la Fontaine de la Crosse, alors qu'une fillette joufflue attire sur eux l'attention de sa mère. On remarquera d'ailleurs que, dans quelques feuilles, la vedette revient à l'artiste lui-même, - une mise en abîme qui jalonne, de loin en loin, les deux volumes : un carton est oublié contre un mur de l'abbaye de Jumièges, on dessine et on prend force mesures dans les fossés du château d'Harcourt, ainsi que sur les hauteurs qui dominent Rouen. Comme si cette figure récurrente du dessinateur légitimait l'entreprise, en insistant sur son exactitude.

Mais un autre trait renforce encore l'originalité des *Voyages pittoresques.* Certaines de ces scènes sont en effet « en costumes », costumes du Moyen Âge, de la Renaissance ou du XVIIᵉ siècle, à tel point que dans quelques planches, exceptionnelles il est vrai, les personnages occupent, au sens premier, le devant de la scène : ainsi, par exemple, dans *L'escalier de la grande tour du château d'Harcourt,* par Isabey, ou encore dans la *Cheminée de la chambre de Guillemette d'Assy à l'abbaye de Saint-Amand à Rouen,* par Fragonard. Mais pour le reste, il ne s'agit que de scènes plus ou moins historiques, dont le rôle n'est que d'animation : citons ainsi la chasse qui cavalcade au pied de la tour en ruine du château de Tancarville, le hallebardier qui ne déparerait pas dans *Faust,* les deux jeunes filles qui descendent l'escalier de l'église de Grâville, les fidèles contemporains de Corneille qui sortent de la cathédrale de Rouen, le cheval échappé qui sème la terreur dans la rue longant le palais de Justice, également à Rouen, et qu'un garde, de sa lance, s'apprête à arrêter. Henri IV se voit refuser par le curé l'entrée de l'église de Gisors et Gabrielle d'Estrées lit, dans une chambre du château de Mesnières, une lettre que lui a adressée son royal amant. Tous ces épisodes ne sont qu'accompagnement. Mais ils ont l'avantage de mettre, en quelque sorte, les monuments en situation, parfois d'ailleurs au prix de quelques acrobaties chronologiques, puisque c'est l'état contemporain qui est de toute façon décrit, et non celui de l'époque plus ancienne, des personnages considérés, que l'on aurait reconstitué. Toutes ces scènes renvoient bien évidemment au genre de la peinture troubadour, encore très en vogue au moment où paraissent les volumes. Outre la variété qu'elles introduisent, elles donnent un cachet historique à une publication qui, justement, se réclame de l'archéologie, mais sans son aspect peut-être trop rébarbatif. Le sérieux n'exclut pas l'aimable.

On trouve enfin quelques paysages dans les *Voyages pittoresques,* entendons par là des paysages qui se suffisent à eux-mêmes, et où l'homme tient peu de place, sinon pas du tout. Le pittoresque facile, trop sensible, trop artificiel aussi parfois dans les autres planches, disparaît ici au profit d'un autre type de mise en scène, qui dramatise la situation même du monument. Quelques bâtiments urbains sont traités de cette manière, notamment la cathédrale de Rouen, dont les portails, pris dans toute leur hauteur, écrasent les maisons voisines et les passants réduits à une anonyme figuration. Mais les vues les plus surprantes, qui sont aussi les plus réussies, sont celles des châteaux de la campagne normande : Arques, dont la silhouette, comme un

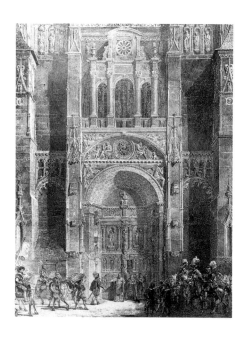

Alexandre Evariste Fragonard

39 *Façade de l'église Saint-Germain et Saint-Protais.*
Le curé de Gisors harangue Henri IV, et lui refuse l'entrée de l'église,
1824
Lithographie de G. Engelmann,
image 31,6 x 23,9 cm., pl. 200
Dans *Voyages pittoresques et romantiques dans l'ancienne France, Normandie,*
Paris, Bibliothèque d'Art et d'Archéologie,
Fondation Jacques Doucet.

gigantesque empilement de blocs, se découpe sous un ciel d'orage, les vues des ruines de Château-Gaillard prises de loin, ou en contrebas, ce qui renforce encore le caractère massif du site et l'élévation des constructions depuis la Seine. C'est ici le point de vue qui détermine l'impression produite par le site. Les *Voyages pittoresques* offrent sous cet aspect une variété qui n'est pas sans trouvaille : ainsi, lorsque la vue de la campagne environnante se découpe dans la porte du château d'Arques, à demi-fermée par une palissade vermoulue, le spectateur étant placé à l'intérieur même de la place. Ce dernier ensemble de feuilles présente les analogies les plus évidentes avec les eaux-fortes de Cotman, en esprit et dans la pratique : les vues sont souvent très similaires, sans qu'il faille parler pour autant de plagiat, les dates très proches de publication interdisant, selon nous, que l'équipe réunie par Taylor et Nodier ait pu s'inspirer directement des *Antiquities of Normandy*. C'est une ambition commune aux uns et à l'autre - user des seules ressources du rendu topographique - qui entraîne l'adoption de points de vue identiques.

L'originalité de Turner n'en ressort que plus fortement. Les *Rivers of France* tranchent en effet sous presque tous les aspects, hormis le sujet, sur les deux ouvrages dont nous venons de détailler les caractères[8]. Les *Wanderings by the Seine* devaient, à l'origine, faire partie d'une publication de plus grande ampleur encore, qui avorta, consacrée à l'ensemble des grands fleuves européens. Il ne s'agit donc plus d'une publication savante, archéologique, mais d'un recueil de vues, où l'importance est d'abord donnée au paysage, et non au monument, recueil qui s'apparente ainsi au récit de voyage. Leur publication est plus tardive, 1834 et 1835[9]. La Normandie, on le voit, n'y apparaît que parce qu'elle est traversée par la Seine, et le fleuve occupe toujours une place très importante dans les planches. Celles-ci, d'autre part, ont été exécutées dans une technique différente de celle des *Antiquities of Normandy* et des *Voyages pittoresques* : la gravure sur acier. Le format en est beaucoup plus petit, l'organisation même du volume est différente : chaque planche est accompagnée d'un texte assez court en français et en anglais dans l'édition originale, mais ce sont plutôt les planches qui ont dicté le texte, que le texte le choix des images. La réalisation a suivi aussi des chemins différents : tous les dessins originaux sont dus à Turner (il s'agit de gouaches et d'aquarelles sur papier bleu, exécutées par lui d'après ses croquis et carnets de voyage sur place[10]), ce qui nous rapproche des *Antiquities of Normandy*. Mais il se contenta de surveiller la gravure, confiée, elle, à des spécialistes avec lesquels il avait l'habitude de travailler, - travail d'équipe qui rappelle, toutes choses égales par ailleurs, les *Voyages pittoresques*.

Turner n'en était pas à son coup d'essai lorsqu'il entreprit les *Wanderings by the Seine*. Il avait déjà donné les dessins de plusieurs recueils de vues topographiques, publiés en livraisons régulières et en feuilles, comme les *Picturesque Views of the Southern Coast of England,* gravées par W.B. Cooke entre 1814 et 1826, ou les *Picturesque Views of England and Wales,* entreprises à l'initiative de l'éditeur et graveur Charles Heath, en 1825. L'objet des *Rivers of France* était quelque peu différent, puisqu'il s'agissait d'un volume

James Baylie Allen
d'après J. M. W. Turner

40 *Le Havre,*
1834
Gravure sur acier, image 9,9 x 13,9 cm.
Dans *Turner's Annual Tour. The Seine,*
Éd. H. G. Bohn, Londres, 1857,
Liber Fluviorum, or River Scenery of France,
Paris, Bibliothèque d'Art et d'Archéologie,
Fondation Jacques Doucet.

où les planches alternaient avec le texte[11] fondé sur le modèle des *Annuals,* qui, avec les *Keepsakes,* luxueux livres d'étrennes illustrés de gravures sur acier, constituaient l'une des spécialités les plus profitables du fond de commerce de Heath. Le résultat visuel fut toutefois analogue : Turner savait imprimer à des images de petit format la monumentalité et la force de ses grandes compositions, tout en tenant parfaitement compte des impératifs de la gravure. Ses références picturales, Claude, Poussin, les paysagistes hollandais du Siècle d'Or, notamment les peintres de marines, transparaissent avec évidence dans certains dessins, tels ceux du port du Havre, de Quillebœuf ou de Harfleur. On retrouve également, de loin en loin, le goût de Turner pour tel motif particulier, comme la fumée s'échappant des cheminées des bateaux à vapeur, qui contraste avec les mâts et les voiles des embarcations traditionnelles (par exemple dans la vue prise entre Quillebœuf et Villequier). Mais l'individualité des *Rivers of France* est ailleurs. Elle tient pour l'essentiel à l'angle de vue très large choisi par Turner pour la majorité de ses compositions. La plupart d'entre elles ne sont pas centrées sur un seul monument, une seule agglomération, mais sur une très vaste portion de paysage où les éléments naturels, le ciel, la végétation, parfois la mer, presque toujours le fleuve en tout cas, tiennent la première place. La comparaison avec les *Voyages pittoresques* et les *Antiquities of Normandy* est ainsi très révélatrice. Si le point de vue adopté par Turner pour Tancarville est identique à celui de Cotman, il met l'accent sur les bois du coteau (et ajoute également pêcheurs et paysans). Le sujet de *Château-Gaillard* est moins le monument lui-même que le gigantesque méandre de la Seine, avec les Andelys en bas à droite. Quant à l'abbaye de Jumièges, elle n'est plus qu'un lointain édifice, perdu entre l'eau et le ciel. L'aspect archéologique et descriptif des monuments disparaît ainsi en grande partie : la façade de la cathédrale de Rouen se déployait en entier chez Cotman, comme chez Taylor et Nodier. Turner la montre de biais, et coupe ses flèches par le haut de l'image. La Normandie qu'il décrit est avant tout un pays, non une collection d'édifices.

Toutefois, si le paysage prend chez lui la place qu'occupait le monument dans les planches des *Antiquities of Normandy* et dans les *Voyages pittoresques,* Turner, comme souvent dans ses dessins destinés à la gravure, est aussi attentif à la présence humaine. Passons sur la touche locale donnée par les paysans et les pêcheurs normands. Plus intéressants sont les petits épisodes dépeints par Turner, au hasard de ses dessins : ainsi, dans la vue du Pont de l'Arche ^{fig. 3}, met-il au premier plan un groupe se reposant sous les arbres, au second une diligence qui descend péniblement la côte, avec un postillon qui dirige difficilement l'équipage et la manœuvre, le fleuve n'apparaissant que dans le fond. Dans la vue du château de Lillebonne, c'est un défilé de soldats que l'on distingue et, sur une autre gravure où le bâtiment est vu de plus loin, des vignerons au travail ou au repos. Des pêcheurs font brûler une vieille coque dans le port de Harfleur, le marché s'étale devant la cathédrale de Rouen... Le pittoresque du détail réaliste s'allie au sublime de l'ensemble de la composition pour donner à ces paysages un inimitable cachet, qui est la marque même de Turner.

Les *Wanderings by the Seine* ne se confondent donc ni avec les *Antiquities of Normandy*, ni avec les *Voyages pittoresques*. Chacune de ces trois publications, si elle aborde un sujet identique, la Normandie, le fait avec des visées, des moyens et selon des procédés très différents. Il est pourtant des rapprochements entre les trois entreprises. D'abord dans leur construction même, et le rapport que les images y entretiennent, à chaque fois, avec le texte. Ne dévalorisons pas trop vite Dawson Turner, Taylor, Nodier et Cailleux, ou encore Leitch Ritchie, le journaliste recruté par Heath pour écrire les textes explicatifs des dessins de Turner. Chacun a ses mérites propres, souvent grands. A l'exception peut-être du dernier, tous ont donné des écrits originaux, fruits de recherches parfois très savantes, touchant notamment à l'archéologie, l'architecture et l'histoire, et leur ton aimable ne doit pas cacher le sérieux du travail. Pourtant l'image l'emporte, et de loin, dans l'intérêt que ces ouvrages peuvent aujourd'hui susciter. Il en allait sans doute de même lorsqu'ils furent édités : chacune de ces entreprises s'est organisée autour de la publication des feuilles, le texte venant en seconde place dans l'organisation des volumes. Une démarche inverse aurait sans nul doute donné plus d'importance et de relief à ce dernier. Ce ne fut pas le cas. Aussi est-ce d'abord par l'image que ces trois entreprises originales survivent encore aujourd'hui. Elles le doivent également à leur très grande qualité. Ces livres étaient coûteux : papier, typographie, impression des planches, tout fut à chaque fois particulièrement soigné. Le recours aux techniques de gravure moderne va dans un sens identique. Mais leur

**John Smith
d'après J. M. W. Turner**

42 *Château-Gaillard vu de l'Est,*
1835
Gravure sur acier, image 10,3 x 14,3 cm.
Dans *Turner's Annual Tour. The Seine,*
Éd. H. G. Bohn, Londres, 1857,
Liber Fluviorum, or River Scenery of France,
Paris, Bibliothèque d'Art et d'Archéologie,
Fondation Jacques Doucet.

valeur tient surtout à ce que, dans chaque cas, le choix des sujets, et surtout de leur traitement, a été mûrement pesé, réfléchi et mis en œuvre. C'est en définitive ce caractère commun qui les isole dans la production beaucoup plus courante de vues topographiques, qui se développe considérablement au temps de la Restauration, avec les possibilités offertes, justement, par la lithographie et, un peu plus tard, la gravure sur acier.

Il est aujourd'hui banal de souligner l'impact des *Voyages pittoresques* dans le renouveau du paysage et la naissance d'une sensibilité romantique en France, entre 1820 et 1830. Nous nous placerions quant à nous volontiers sur un autre plan, en adjoignant à cette publication les deux ouvrages anglais que nous venons d'analyser. Leur rôle fut, sans nul doute, bien moindre. Mais c'est leur démarche même qui est intéressante : elle ouvre en effet à tous les types d'exploitation formelle d'un site déterminé. La comparaison ne porte pas sur les différences de traitement de l'un à l'autre de ces recueils. Elle révèle surtout la diversité des voies qui s'offraient alors. Ces gravures forment, en fait, le lexique où viendront peu à peu puiser tous les paysagistes du XIXe siècle.

Notes

1. Notamment depuis l'étude pionnière de J. Adhémar, *Les lithographies de paysage à l'époque romantique,* Paris, 1937.

2. Pour une vue d'ensemble et un répertoire des peintres et des lieux décrits, voir *Bonington. Les débuts du romantisme en Angleterre et en Normandie,* Cherbourg, Musée des Beaux-Arts, 1966.

3. Renvoyons ici aux études récentes de M. Pointon, *The Bonington Circle. English Watercolour and Anglo-French Landscape, 1790-1855,* Brighton, 1985, P. Noon, *Richard Parkes Bonington, « Du plaisir de peindre »,* Paris, Musée du Petit-Palais, 1992, et A. Sérullaz, *Delacroix et la Normandie,* Paris, Musée Eugène Delacroix, 1993.

4. Nous ne parlerons ici que des deux volumes parus entre 1820 et 1825, et consacrés à la Haute-Normandie. Celui consacré à la Basse-Normandie, stylistiquement très éloigné des deux ouvrages initiaux, est en effet le dernier de la série dirigée par Taylor, et ne parut qu'en 1878.

5. Sur Cotman, voir M. Rajnai ed., *John Sell Cotman, 1782-1842,* Londres, 1982, A. M. Moore, *John Sell Cotman, 1782-1842,* Norwich, Norfolk Museum Services, 1982, et, pour un ensemble d'œuvres représentatif, A. M. Holcomb, *John Sell Cotman,* Londres, 1978 (qui étudie le fonds très riche et complet conservé au British Museum). H. Lemaître lui consacre un long chapitre *(Le paysage anglais à l'aquarelle, 1760-1851,* Paris, 1955, pp. 262-304).

6. Sur les voyages de Cotman en Normandie, voir la synthèse de M. Rajnai et M. Allthorpe-Guyton, *John Sell Cotman. Drawings of Normandy in Norwich Castle Museum,* Norwich, Norfolk Museum Services, 1975. Voir également A. M. Moore, *op.cit.,* 1982, pp. 75-88. La correspondance de Cotman, source principale sur les différents séjours du peintre en France, a été publiée par H. Isherwood Kay : « John Sell Cotman's Letters from Normandy, 1817-1820. I. General Introduction and the Letters of 1817 and 1818 », *Walpole Society,* XIV, 1925-1926, pp. 81-122 et « John Sell Cotman's Letters from Normandy. II. The Letters of 1820 », *Walpole Society,* XV, 1926-1927, pp. 105-130.

**James Charles Armytage
d'après J. M. W. Turner**

41 *Jumièges,*
1834
Gravure sur acier, 10 x 14,3 cm.
Dans *Turner's Annual Tour. The Seine,*
Éd. H. G. Bohn, Londres, 1857,
Liber Fluviorum, or River Scenery of France,
Paris, Bibliothèque d'Art et d'Archéologie,
Fondation Jacques Doucet.

7. Sur les *Voyages pittoresques,* voir, après l'étude de T. Lebeuffe, *Un monument lithographique : Voyages pittoresques et romantiques dans l'ancienne France, par le baron Taylor,* Paris, 1893, la mise au point récente de J. Plazaola, *Le baron Taylor, portrait d'un homme d'avenir,* Paris, 1989, notamment pp. 55-77. Sur la mise en œuvre des planches, on pourra également consulter l'article de A.L. Spadafore, « James Duffield Harding and the *Voyages pittoresques* », *Print Quarterly,* vol. 4, n° 2, juin 1987, pp. 137-150.

8. Voir les récentes synthèses de A. Lyles et D. Perkins, *Colour into Line. Turner and the Art of Engraving,* Londres, Tate Gallery, 1989, et de L. Herrmann, *Turner Prints. The Engraved Work of J.M.W. Turner,* Oxford, 1990. Les voyages de Turner en France ont été abordés dans différents catalogues d'exposition, notamment *Turner en France,* Paris, Centre culturel du Marais, 1981 et *J.M.W. Turner,* Paris, Grand-Palais, 1983 (par N. Alfrey, « Turner en France », pp. 35-41). Voir également A. Wilton, *Turner en voyage,* Paris, 1983.

9. Les *Wanderings by the Seine* avaient été précédés d'une autre série, les *Wanderings by the Loire,* en 1833. Cet ensemble est connu sous le nom de *Rivers of France.*

10. Les dessins originaux pour *La Loire,* que Ruskin posséda, sont pour la plupart à Oxford, dans les collections de l'Ashmolean Museum. Ceux de *La Seine,* gardés par Turner, font partie de son legs à la Nation britannique, conservé par la Tate Gallery.

11. Une seule d'entre elles, dans *La Seine,* est bâtie sur le modèle de la vignette (tout en étant, comme les autres, intercalée hors texte) : les *Tours de la Hève,* décrites de façon très spectaculaire, avec un effet de lune. Toutes les autres sont régulières et de format rectangulaire, le plus souvent prises horizontalement.

Jean-Honoré Fragonard

44 *Le gué,*

    Huile sur bois, 28 x 38 cm.

    Chartres, Musée des Beaux-Arts. 5638.

Du ciel classique
au ciel impressionniste

CHRISTINE KAYSER

Aux yeux des historiens de l'art, les années 1790 représentent une période de transition. Pour Robert Rosenblum[1], elles sont marquées par une volonté de rompre avec l'illusionnisme baroque, dans une tentative qu'il qualifie de « *tabula rasa* ». Faisant « table rase » de la délicatesse, du maniérisme, des effets décoratifs de la peinture du XVIIIe siècle, les artistes donnent naissance à l'art néo-classique. Au même moment, de profonds changements affectent la peinture de paysage. On abandonne progressivement la peinture d'histoire, réalisée sous forme de fresque avec des personnages placés dans le cadre d'un paysage italien, selon l'école de Poussin.

Cette démarche révolutionnaire - qui conduit à la peinture romantique - s'inscrit dans un mouvement à l'échelle de l'Europe. Elle s'appuie sur un regain d'intérêt pour la peinture hollandaise de paysage, dont témoigne la toile de Fragonard *Le gué* [fig. 44], copie d'un tableau de Ruisdaël. Fragonard y utilise des couleurs lumineuses, et le nuage de pluie qui s'avance vers le premier plan, poussé par un vent fort, envahit tout l'horizon. La nature y est souveraine, philosophie que l'on retrouve dans de nombreuses œuvres de Ruisdaël, dont *Le coup de soleil* [fig. 43]. En 1759, Fragonard peint aussi *L'orage* [fig. 45], et, par le jeu des couleurs, traduit l'humidité de l'air et cette charge de gouttelettes accumulées dans le cumulus annonçant la tempête. La lourde masse du nuage se déplace au-dessus des hommes et des moutons affolés. Dans cette scène de vie quotidienne, le ciel gouverne l'action des hommes. On retrouve ce thème dans l'œuvre d'artistes du XIXe siècle, tels Bonington, Constable, Dupré, avec cependant une connotation plus tragique et plus sentimentale.

Dans *Assemblée dans un parc*, tableau peint par Watteau en 1716 et conservé au Musée du Louvre, les personnages, vus de dos, sont déjà absorbés par l'atmosphère nocturne des bois qui semble être le vrai sujet de la toile : ciel, humidité, arbres, autant d'éléments propices aux complots galants qui s'ourdissent.

La transition qui s'opère ici d'un paysage galant à une histoire humaine, humble, mais aussi universelle, s'inscrit dans un mouvement de pensée plus large : Fénelon, puis Rousseau ont annoncé la fin des ordres monarchiques, l'importance du bien-être, le souci du particulier. Dans le domaine scientifique, c'est une période déterminante, avec l'avènement de théories optiques, météorologiques et chimiques. Lavoisier découvre la composition de l'atmosphère, Newton, celle de la couleur,

Jacob Van Ruisdaël

43 *Le coup de soleil,*
Huile sur toile, 83 x 99 cm.
Paris, Musée du Louvre. Inv. 1820

Jean-Honoré Fragonard

45 *L'orage ou La charrette embourbée,*
vers 1759
Huile sur toile, 73 x 97 cm.
Paris, Musée du Louvre.

John Constable

46 *Mill on the Banks of the Stour*
(Moulin sur les rives de la Stour),
1802
Pierre noire, fusain et craie rouge,
24,1 x 29,8 cm.
Londres, Victoria and Albert Museum.
841-1888

Constable aime représenter des paysages qui lui sont familiers, comme ici, le moulin à vent de son père. Pour obtenir la délicatesse des différentes tonalités du ciel, Constable a probablement dû estomper les traits du fusain à l'aide d'un papier buvard ou d'un morceau de peau de chamois. Il existe une gravure réalisée par J. Olbourne, d'après ce dessin. Elle comporte quelques ajouts, telle une barque sur la droite. Le mot « pinxt », au revers, laisse supposer que Constable a exécuté une huile ou aquarelle sur ce même motif.

B. P.

Howard décrit le mouvement des nuages. Tout ceci conduit les peintres à adopter une démarche plus rigoureuse envers la nature, fondée, en particulier, sur l'étude en extérieur.

De multiples facteurs poussent les artistes à passer du ciel bleu azur, décor d'un paysage italien idéalisé, aux ciels tourmentés de la période romantique, inspirés des paysages du Nord. C'est, nous le verrons, une progression par étapes : le nuage apparaît, l'espace se referme, avec la nébuleuse pour seul point de fuite.

L'influence hollandaise

Pour les peintres anglais du début du XIXᵉ siècle, la peinture hollandaise et flamande du XVIIᵉ est une référence, tout comme la peinture vénitienne du XVIᵉ. Par leur truchement, l'engouement pour des artistes hollandais tels que Ruisdaël et Hobbema gagne la France. L'homme est absent de ces paysages et le tableau joue de la confrontation des volumes du ciel et de la terre, image qui s'inspire peut-être de la lutte des Hollandais sur la mer.

Plusieurs œuvres témoignent de ce goût pour la Hollande et la symbolique de ses paysages.

La parenté de l'aquarelle de Bonington, *Moulins à vent dans le nord de la France* [fig. 48], avec celle de Georges Michel, *Aux environs de Montmartre* [fig. 49], ne tient pas à la similitude des lieux, mais à la volonté de suggérer la confrontation de l'homme aux forces du destin. L'œuvre de Michel est plus sombre mais la lumière crépusculaire du ciel de Bonington, où volent des oiseaux noirs, est empreinte d'une mélancolie résignée qui annonce peut-être la mort prochaine du peintre, deux ans plus tard.

Constable peint *Moulin sur les rives de la Stour* [fig. 46] dans la région de son enfance, l'East Anglia. C'est un paysage très proche du paysage hollandais, avec un horizon qui mange le ciel, des terres envahies d'eau, un moulin dressé, que l'on retrouve chez Louis Francia, dans *Saint Benet's Abbey*, 1802 (Cecil Higgins Art Gallery, Bedford). À la fin de sa vie, dans *Hampstead with a Rainbow* (1836, Tate Gallery, Londres), Constable reprend une vue de Hampstead composée quelques années plus tôt et ajoute un moulin sur lequel tombe un arc-en-ciel. Le moulin apparaît là comme le symbole de l'homme dont la vie tourne avec le vent ; il dresse désespérément ses ailes vers le ciel pour arrêter le cours du destin, à moins que ce ne soit pour se laisser emporter.

Le moulin de Corot à Étretat [fig. 47], très proche de l'aquarelle de Bonington par sa composition et son calme apparent, recèle cette inquiétude. L'angoisse est matérialisée par le chemin qui part du premier plan, obligeant le regard du spectateur à passer sous les ailes du moulin, ordonnateur de son sort. Le moulin est ici le motif privilégié de l'expression de sentiments « romantiques ».

Jean-Baptiste Camille Corot

47 *Un moulin à vent - Étretat,*
Huile sur toile, 38 x 58 cm.
Paris, Musée du Louvre. RF 1952-11

**Richard Parkes
Bonington**

48 *Moulins à vent dans le nord de la
France,*
1827-28
Aquarelle et gouache avec ajouts de gomme
arabique et emploi de caches, 15,8 x 22 cm.
S. d. b. d. "R. P. B. 18..."
Paris, Musée du Louvre. RF 1466

Georges Michel
(attribué à)

49 *Aux environs de Montmartre,*
Huile sur toile, 64,5 x 80 cm.
Paris, Musée du Louvre. RF 389

L'œuvre de Georges Michel est si profondément marquée par les paysagistes hollandais du XVIIe siècle que le peintre devait se voir décerner, après sa mort, le titre de « Ruisdaël français ».

À la différence des peintres contemporains de paysage qui préconisent le voyage, Georges Michel se contente de peindre les environs de Paris, affirmant que « celui qui ne peut peindre pendant toute sa vie sur quatre lieues d'espace n'est qu'un maladroit qui cherche la mandragore et ne trouvera jamais que le vide ». Son « immobilisme » ne l'empêche cependant pas de copier et de restaurer au Musée du Louvre des tableaux de Ruisdaël, Hobbema et Rembrandt, qui, semble-t-il, influencent profondément sa peinture.

Le thème du moulin est très fréquent dans son œuvre. Il lui permet d'évoquer les paysages de la peinture hollandaise du XVIIe siècle, qu'il affectionne particulièrement, et surtout d'accorder au ciel, soumis aux variations climatiques, une place particulièrement importante. Ce dernier se couvre le plus souvent d'épais nuages noirs annonçant l'orage prochain. Georges Michel travaille essentiellement sur le motif. « Vers trois heures de l'après-midi, il se met en route pour Belleville, les plaines de Saint-Denis, les Buttes-Chaumont, le Bois de Vincennes ou Pantin, pour effectuer des études sur papier d'après nature. » Le papier qu'il utilise alors pour ses croquis, n'est qu'un vulgaire papier à rouler le tabac.

Méconnu de son vivant, c'est en 1865 seulement, près de vingt ans après sa mort, que le talent de ce « grand artiste » sera reconnu par un article de la Société des Aquafortistes, soulignant qu'il avait devancé les idées de son temps et deviné, pour ainsi dire, les tendances de l'école qui brille aujourd'hui d'un si vif éclat [...]. Georges Michel « fut incontestablement le précurseur du paysage moderne ».

B. P.

Études de ciel

Le traité sur la perspective de Valenciennes, publié en 1800, incite Michallon, son élève, Corot, élève de ce dernier, et de nombreux peintres plus tardifs, tel Pissarro, à l'étude de la nature en extérieur. Pour Valenciennes, le nuage est un élément clef de la maîtrise du paysage. Lorsque le ciel nuageux filtre la lumière du jour, il permet de retrouver les conditions de l'atelier. En revanche, lorsque la luminosité est changeante, il convient de renouveler les études à l'extérieur. « Ces variations, écrit-il, sont dues [à] la lumière plus ou moins pure [...], [aux] différents reflets des nuages causés par leur couleur, leur légèreté, leur épaisseur. »

En 1785, en Angleterre, dans sa « méthode pour inventer dans le paysage »[2], Alexander Cozens souligne à son tour l'importance du nuage, dont les formes floues laissent libre cours à l'imagination. Chez Valenciennes, comme chez Cozens, les études de ciel portent sur les nuages en formation à la crête des montagnes [fig. 52], tels que les décrit Lucrèce dans *De natura rerum* : « Au moment où les nuages commencent à se former, quand ils sont encore trop ténus pour être perçus par notre œil, les vents qui les emportent les rassemblent à la crête des montagnes. C'est là seulement que, réunis en troupes plus nombreuses et plus denses, ils commencent à être visibles »[3].

À la fin du XVIIIᵉ siècle en Angleterre, la mode veut qu'on se rende dans les montagnes d'Écosse et dans le Lake District, pour y effectuer des études de nuages. C'est ce que font Turner, en 1790, et Constable, en 1806, pour *View in Langdale* (Victoria and Albert Museum). Non que le nuage soit rare partout ailleurs en Angleterre, mais il est plus facile à observer sur les crêtes des montagnes. On commence seulement, alors, à savoir regarder les phénomènes atmosphériques. Les études météorologiques de Luke Howard n'apparaissent qu'en 1803[4]. Dans les œuvres de Valenciennes, les ciels restent encadrés, visuellement et symboliquement, par la montagne, la mer et la terre [fig. 54], comme chez son élève Michallon [fig. 55]. Une pratique plus assidue permettra à Delacroix et Boudin [fig. 51] de représenter de vastes espaces nuageux.

Pour Cozens, le nuage libère l'imagination, parce que ses formes floues et changeantes permettent l'émergence de formes inconscientes, comme les taches d'humidité sur les murs catalysaient l'imagination de Léonard de Vinci. On retrouve chez William Blake l'aspect fantastique qui caractérise ces vastes ciels. La fonction du nuage, support traditionnel des Dieux, subsiste par-delà la mythologie : le nuage demeure la limite entre le visible et l'invisible. Pour Cozens, c'est l'invisible, au-delà du conscient, qui est mobilisé par les études de nuages et l'école anglaise semble avoir moins peur de braver les Dieux, d'affronter le « rien », que l'école française. Le poète anglais Addison disait au XVIIIᵉ siècle : « Notre imagination aime à être engloutie par un objet ou à s'accrocher à ce qu'elle ne saurait enfermer dans ses bornes »[5]. En France, il faudra pour cela attendre Baudelaire, qui parle de la « surréalité » que le flou permet d'atteindre, et les dessins à l'encre de Victor Hugo.

Les études de ciel de Constable, comme celles de ses contemporains, Gœthe, J.C. Dahl, Gaspar Friedrich nous fascinent ; le nombre d'expositions récentes consacrées à ce thème en fait foi.

Pierre-Henri de Valenciennes jouit d'une grande renommée en tant que peintre de paysage et théoricien. En 1795, il donne des cours de perspective à l'École des Beaux-Arts de Paris. Sa méthode de travail nous est aujourd'hui connue grâce à la publication, en 1800, de son recueil intitulé *Éléments de perspective à l'usage des artistes*. Cette étude a sans doute été exécutée comme il le préconise, en plein air, et en moins de deux heures : « à la hâte, pour saisir la nature sur le fait » (p. 405). Il « commence par peindre le ciel, car c'est lui qui donne le ton des fonds. Il est le diapason de la nature » (p. 407).

On décèle chez Valenciennes une préférence pour les ciels nuageux, comme il l'exprime dans son ouvrage : « le ciel pur et serein est sans nul contredit un superbe spectacle », écrit-il, «mais relativement à la peinture, il est encore plus admirable lorsqu'il se trouve chargé de nuages qui dérobent partiellement la voûte céleste » (p. 257). Son attirance pour « ces formes mouvantes » ne dissimule cependant pas la réelle difficulté à les représenter puisque « elles changent à chaque instant, s'élargissent, se resserrent, se séparent ou se mêlent avec d'autres » (p. 219).

Une fois le « ton local » de l'étude achevé, le peintre peut reproduire les autres éléments du paysage comme la végétation ou les montagnes. Pour bien représenter ces dernières, Valenciennes recommande de connaître la nature des roches. Il fait ainsi une distinction entre les roches « molles », recouvertes de terre végétale, qui ont une forme pyramidale ou conique, et les montagnes dites à roches « dures » (calcaire, marbre, granit), à la forme anguleuse. Enfin, il préconise une étude minutieuse de la végétation et le respect scrupuleux des « détails de l'écorce et du feuillage » (p. 224).

B. P.

Pierre-Henri de Valenciennes

50 *À La Villa Farnèse : l'arbre rose,*
Huile sur papier marouflé sur carton,
25,6 x 38,2 cm.
Paris, Musée du Louvre. RF 3032

Achille Etna Michallon

55 *La campagne de Naples,*
1819-1820
Huile sur toile, 48 x 62 cm.
Paris, Musée du Louvre. RF 2882

La campagne de Naples est un paysage
pastoral entièrement exécuté en atelier,
représentant une nature riante et totalement
idéalisée. En effet, dans les années 1818-1819,
Michallon élabore des paysages composés à
partir des très nombreuses études de plein air
accumulées durant son séjour italien.
C'est dans ce genre de composition que l'on
décèle, à l'époque, le véritable talent d'un
peintre. Au tout début du XIXe siècle, le
paysage est encore soumis à une très forte
hiérarchie des genres, dominée par le paysage
historique auquel succèdent le paysage pastoral,
puis le paysage portrait. Ce dernier, « n'étant
qu'une fidèle représentation de la nature,
n'exige pas beaucoup de génie, puisqu'il n'y a
que les yeux et la main qui travaillent »[1].
La touchante ressemblance du paysage de
Michallon avec la *Vue d'Agrigente* [fig. 54] de
Valenciennes laisse penser qu'une fois de plus,
l'élève a retenu les leçons de son maître.
Comme lui, il prend soin de représenter, à
gauche, un chemin conduisant vers une cité
portuaire située, bien évidemment, au fond de
la composition[2]. À droite, il dessine avec grâce
la majestueuse silhouette des montagnes. Au
premier plan, seules les ruines, témoignage de
la grandeur passée, sont absentes du tableau de
Michallon.

B. P.

1. Valenciennes, 1800, p. 479.
2. Valenciennes, 1800, p. 483.

Pierre-Henri de Valenciennes

54 *L'ancienne ville d'Agrigente, paysage
composé,*
Huile sur toile, 110 x 164 cm.
Paris, Musée du Louvre. MNR 48

Kurt Badt, dans son étude sur le romantisme publiée en 1960, établit un parallèle entre l'étude des nuages au XIXe siècle et celle des draperies au XVe : le rôle du nuage dans la peinture de paysage de Constable ou, plus tard, de Boudin, justifie l'importance accordée à ces études. Il s'agit de savoir représenter le nuage, et d'apprécier les associations de formes et de couleurs aux différentes heures de la journée, avec ou sans vent, par tous les temps. Constable, qui s'était vu sévèrement critiqué à Salisbury en 1821, pour le traitement du ciel dans son tableau *Stratford Hill*, entreprit, à la suite, plusieurs études de nuages [fig. 52]. Dans une lettre à un ami, il se dit conscient de ses faiblesses dans ce domaine[6]. Chez Constable, comme chez Valenciennes, le nuage devait être réintroduit dans une composition ; en témoigne l'étude *Sky and Trees at Hamsptead, with red House* [fig. 53].

Le peintre note au dos de l'étude, la date, l'heure et les conditions du ciel, afin d'en reconstituer les caractéristiques de mémoire, en atelier. C'est ainsi qu'il pourra peindre la cathédrale de Salisbury, en fin d'après-midi, lorsque la tempête s'apaise, comme l'indique le titre *Summer Afternoon, reclining Tempest,* qu'il donne en 1836 à *Salisbury Cathedral from the Meadows*[7].

Les études scientifiques sur la forme des nuages offrent au peintre le support analytique nécessaire. Constable possédait un exemplaire de l'ouvrage de Thomas Forster, *Research about atmospheric Phenomena*, qu'il avait annoté et qu'il recommandait comme étant « le meilleur livre. Il est loin d'avoir raison, mais il a le mérite de faire bien avancer les choses »[8]. Les théories d'Isaac Newton sur la lumière, publiées en 1704, favorisent l'étude des couleurs primaires ou de l'arc-en-ciel chez les peintres et font l'objet de conférences, comme celles de Turner en 1818. De même, les avancées de la météorologie permettent aux peintres de mieux analyser les différentes formes des nuages dans l'atmosphère. On notera que chez Constable, Turner, Delacroix et Boudin, l'étude du nuage s'effectue à l'aide de la couleur, à l'huile ou à l'aquarelle, tandis que Corot et Chasseriau, dans des carnets de croquis conservés au Musée du Louvre[9], et contenant des dessins de ciels avec des cumulus, indiquent la couleur au crayon, dans les volutes des nuages. Corot note « gris, bleu clair, rose... » Sur un croquis de cumulus montant dans une vallée, Chasseriau écrit : « comme les... qui est au Vatican les nuages d'un blanc éclatant, C'est le bleu qui ... », et annote en ces termes une étude sur papier bleu, *Palais Doria à Rome* : « Le ciel d'orage rougeâtre le bas jaune rouge et pâle les arbres d'un feuillage sombre et très ..., le terrain gris tout vivant et vigoureux ... » L'appréhension simultanée de la composition et de la couleur du paysage demande sans doute au peintre un effort de concentration supérieur.

Turner considérait qu'une seule étude en couleur prenait autant de temps que quinze études au crayon[10]. De plus, les indications de couleur sont moins fidèles que leur notation à l'aquarelle. Chasseriau et Corot y accordaient sans doute moins d'importance que les peintres anglais, plus soucieux de réalisme.

À la différence des études de ciel de Ravier, que nous verrons plus loin, les études de nuages constituent un répertoire de formes. Si elles nous semblent mystérieuses,

John Constable

52 *Study of cirrus Clouds* (Étude de cirrus),
1822
Huile sur papier, 11,4 x 17,8 cm.
Londres, Victoria and Albert Museum.
784-1888

John Constable

53 *Study of Sky and Trees with red House
at Hampstead*
(Étude de ciel et d'arbres, maison
rouge à Hampstead),
1821
Huile sur papier, 24,1 x 29,8 cm.
Inscription par J.C. au verso : "Sept. 12 1821.
Noon, Windfresh at West very heavy showers
in the afternoon but a fine evening. High
wind in the night."
Londres, Victoria and Albert Museum. 156-1888

Boudin accorde au ciel une importance considérable, ce qui lui vaut le titre prestigieux de « Roi des ciels » donné par Corot. Il rêve de « nager en plein ciel, d'arriver aux tendresses du nuage, ... de faire éclater l'azur »[1]. Pour réaliser cette ambition, il exécute de très nombreuses études en plein air. Celle du Musée du Havre a été effectuée à l'huile sur un panneau de bois. L'emploi des touches légères, laissant le support vierge par endroit, souligne la rapidité de l'exécution.

1. Notes du mardi 3 décembre 1856, publiées par Jean Aubry, 1922, p. 31.

Eugène Boudin

51 *Étude de ciel,*
   Huile sur bois, 35,5 x 45 cm.
   Le Havre, Musée des Beaux-Arts
   André Malraux. INV B 21

c'est que nous leur attribuons, en raison de leur beauté et de leur nouveauté, une fonction symbolique. Pourtant, s'il y a un symbole, ce n'est pas dans les études elles-mêmes qu'il faut le chercher mais dans l'importance que prend le ciel nuageux pour cette nouvelle peinture du XIXe siècle.

Le rôle du nuage : ordre et désordre

L'ordre pictural

Dans son *Modern Painters*, paru en 1840, le critique d'art John Ruskin se demande pourquoi les peintres sont entrés « au service des nuages ». Il avance plusieurs hypothèses contradictoires : le cumulus, *storm cloud*, serait un nouveau type de nuage apparu dans le ciel de Londres au XIXe siècle. Il y voit aussi le moyen d'exprimer le mystère, comme le bleu céleste dans la peinture du Moyen Âge. Ou encore l'expression du réalisme agnostique des peintres modernes : « Là où le peintre du Moyen Âge n'a jamais peint un nuage, sinon dans l'intention d'y placer un ange [...], nous ne croyons pas quant à nous que les nuages contiennent autre chose qu'une quantité donnée de pluie et de grêle »[11].

Nietzsche, quant à lui, analyse la peinture du ciel italien, de la tradition du XVIIe siècle, comme un art où s'exprime la logique : « Un art ironique [...] divinement artificiel qui jaillit dans un ciel sans nuage »[12]. Cet espace est pour lui celui de la raison, de la pensée, par opposition aux formes floues des nuages, lieu des sentiments et du chaos.

L'opposition entre pensée et sentiment justifie la primauté accordée au dessin, expression de la pensée, sur la couleur, expression des sensations. Schiller écrit : « Je ne peux m'empêcher de penser que ces couleurs me donnent quelque chose de faux, puisque selon que la lumière varie ou selon que change le point de vue depuis lequel je les considère, elles changent justement de couleur »[13]. Le nuage est donc associé à la couleur, par son apparence informe, son absence de limite que la ligne ne peut contrôler. Le nuage « décourage » le dessin, dit Hubert Damisch.

L'Angleterre se partage entre partisans et adversaires du nuage. Reynolds juge « déplacés »[14] les accidents de lumière dans les nuages de Gainsborough, et Benjamin West conseille à Constable de peindre le ciel de ses paysages « comme un drap blanc placé derrière les objets ».

L'ordre politique

Par son aspect éphémère, le nuage est l'expression du désordre, de la perte de contrôle, et des effets du temps. Si l'on admet que la composition du tableau est la traduction plastique d'une pensée structurante, le ciel d'azur, dans les œuvres classiques, suggère l'ordre de la Renaissance ; un ordre pictural, intellectuel, mais aussi religieux et politique, dans lequel les pouvoirs viennent d'en haut. L'apparition des nuages accompagne la disparition des pouvoirs divins, ou de droit divin, à la fin du XVIIIᵉ siècle.

Hubert Robert est, avec Fragonard, l'un des premiers à introduire des effets de nuage dans la composition de ses paysages. Il témoigne des liens qui rattachent ce mouvement pictural à la philosophie des Lumières en France, par laquelle l'homme s'émancipe de Dieu et de la monarchie : ainsi peut-on interpréter son tableau *La fête de la Fédération* fig. 56. Le nuage indiquerait aussi la violence à venir car les nuages d'ouest apportent la tempête, tandis que la lumière du couchant symbolise le déclin d'un système politique. La différence de traitement du ciel dans le tableau de Ducis, *Louis XVIII aux Tuileries* fig. 57, et de Lordon sur la révolution de 1830 fig. 58, prend un sens très particulier : le ciel clair des Tuileries est le bleu royal, assez pâle, de la royauté restaurée. Dans le combat de rues qui voit la prise de la caserne des Suisses par les Polytechniciens, les nuages ne sont pas ceux de la fumée des canons. Ce sont des nuages de tempête, symboles de l'émeute, des passions politiques et de ce désordre qui conduit à la liberté.

L'ordre religieux

La peinture hollandaise du XVIIᵉ siècle, très proche des paysages anglais du XIXᵉ, était déjà l'expression picturale d'une société dont la philosophie, la religion réformée et l'ordre social, faisaient une large place à l'action individuelle.

L'abaissement du ciel, dans ces œuvres, ne reflète pas seulement les paysages du Nord, il traduit un système de valeurs : l'action se passe au centre, et un nuage barre le ciel. La terre le dispute au ciel, de même que l'homme revendique la maîtrise de son destin. La composition de ces paysages suggère la présence d'un Dieu plus accessible, plus conciliant, plus « humain ». Van Gogh écrivait à son frère Théo : « De la même manière que les hommes ne croient plus aux miracles, ils ne croient plus à un Dieu qui volerait de façon capricieuse et despotique d'une chose à une autre, mais ils commencent à ressentir de plus en plus de respect et d'admiration et de confiance dans la nature »[15]. Et Ruskin compare le nuage à une feuille qui s'interpose entre l'homme et la terre, ou entre l'homme et le ciel[16].

Les parallèles philosophiques, religieux et économiques sont nombreux entre l'Angleterre et la Hollande. Pays de commerce et de libre entreprise, l'Angleterre est, comme la Hollande, la terre des libertés individuelles, avec l'*habeas corpus*, et de la religion anglicane affranchie du pouvoir de Rome. Le goût des peintres anglais, tels Gainsborough, Constable, Bonington, pour les paysages hollandais du XVIIᵉ siècle, et la proximité de leurs œuvres, s'expliquent par un même rapport à la nature et au divin, par-delà les similitudes climatiques et topographiques entre les deux pays. Le nuage y est parfois serein, parfois tourmenté, mais toujours enveloppant.

Hubert Robert

56 *La fête de la Fédération nationale au Champ-de-Mars à Paris, le 14 Juillet 1790,*
Huile sur toile, 52 x 96 cm.
Versailles, Musée National du Château.

« Presque tous les peintres de ruines vous montreront autour de leurs fabriques solitaires ... un vent violent qui souffle » (Diderot, *Essai sur la peinture*, 1765). Cette scène révolutionnaire, qui proclame l'instauration d'un nouvel ordre politique, est parcourue d'un double mouvement atmosphérique. La lumière du soleil couchant indique la fin de la course solaire. Du même point de l'horizon s'élève une nuée grandiose, portée par le souffle d'un vent nouveau qui vient de l'ouest, du large ; elle monte vers le ciel qu'elle envahit en englobant sous ses volumes, comme une pensée philosophique, la fête révolutionnaire et l'arc de triomphe du Champ-de-Mars.

C. K.

Louis Ducis

57 *Louis XVIII au balcon des Tuileries* (dit
    aussi *Le retour de l'Armée d'Espagne),*
    1823
    Huile sur toile, 143 x 110 cm.
    Versailles, Musée National du Château. MV 6837

Élève de David de 1795 à 1800, Ducis
exécuta de nombreuses toiles de
commande où l'emporte la qualité de la ligne
et du coloris. Ce tableau officiel fut exposé au
Salon de 1824. Le roi Louis XVIII, entouré des
membres de la famille royale, reçoit le duc
d'Angoulême, fils du comte d'Artois et
commandant de l'armée française. Le
monarque assiste, depuis le balcon des
Tuileries, au défilé des soldats de retour de
l'expédition d'Espagne qui permit à
Ferdinand VII d'instaurer une monarchie
absolue.
Le peintre choisit d'exalter le triomphe de
Louis XVIII. La composition très académique
est magnifiée par le drapé théâtral des rideaux
qui encadrent le tableau. Le ciel, serein et
pacifié, suggère le rétablissement politique après
les troubles suscités par l'assassinat du duc de
Berry, en 1820.

                                        E. L.

Jean-Abel Lordon

58 *Attaque de la caserne de la rue de Babylone à Paris le 29 juillet 1830,* Huile sur toile, 142 x 163 cm.
Versailles, Musée National du Château. MV 6310

Peintre de paysages, d'histoire et de genre, Lordon fut l'élève de Gros et de Léthière. Il exposa au Salon entre 1827 et 1852, ainsi qu'à l'Exposition du Luxembourg en 1830. Témoin des événements dramatiques de la Révolution de 1830, il illustre ici un épisode d'une grande violence : l'attaque de la caserne des Suisses de la rue de Babylone, menée par les élèves de Polytechnique, le 29 juillet. Cette période troublée des Trois Glorieuses devait aboutir à l'abdication de Charles X et à l'instauration de la monarchie de Juillet avec Louis-Philippe.

La toile fut exposée au Salon de 1831. L'entassement des personnages luttant sur les barricades, les fumées ainsi que les masses sombres et tourmentées du ciel, évoquent le désordre et la confusion de ces quelques jours de révolte.

E. L.

**Joseph Mallord
William Turner**

60 *The Source of the Arveron in the Valley
of Chamouny, Savoy*
Eau forte et manière noire, pl. 21,6 x 29,2 cm.
Liber Studiorum, 1816
Paris, Bibliothèque Nationale. Cd 83 res.

Mont-Blanc, Part I.

« The everlasting universe of things
flows through the mind, and rolls its
rapid waves,
Now dark - now glittering - now reflecting gloom -
Now lending splendour, where from secret springs
The source of human thought its tribute brings
Of waters, - with a sound but half its own,
Such as a feeble brook will oft assume
In the wildest woods, among the mountain lone,
Where waterfalls around it leap for ever,
Where woods and winds contend, and a vast river
Over its rocks ceaselessly bursts and raves. »

« L'univers éternel des choses
coule à travers l'esprit, et roule en vagues rapides,
tantôt sombre - tantôt scintillant - tantôt
reflétant le néant -
tantôt splendeur généreuse, qui aux sources secrètes
reçoit en tribut l'origine de la pensée humaine,
tribut fait d'eau, - avec des sons qui ne sont
qu'en partie les siens,
qu'un faible ruisseau s'appropriera souvent,
dans les bois les plus sauvages, au sein de la
montagne déserte,
là où s'écoulent les cascades pour l'éternité,
où bois et vents se combattent, et une vaste rivière
sur ses rochers incessamment jaillit et gronde »[18].

La peinture du XIXᵉ siècle, libérée par le nuage de l'ancien ordre divin, moral et pictural, est une peinture, non plus de l'Histoire, mais de la contingence. L'intérêt pour les paysages du Nord, au XIXᵉ siècle, signe l'affaiblissement de la religion catholique et du contenu moral de la peinture des paysages romains. Les peintres, tel Delacroix, ne vont plus en Italie, ou bien alternent voyages en Italie et travaux sur les ciels du Nord - c'est le cas de Corot et Degas. Par un renversement de tendance très notable, le peintre Paul Huet, qui a voyagé en Avignon en 1833, déplore, dans une lettre de 1838[17], que son habitude des paysages du Nord lui rende les ciels clairs du midi difficiles à traiter. La pratique du « Grand Tour » est interrompue, pour les peintres anglais, par les guerres napoléoniennes. Turner visitera l'Italie pour la première fois en 1819. Dès lors, l'abondance de lithographies de paysages italiens, réalisées, notamment, par Samuel Prout, rend ces paysages moins fascinants. Et surtout, à cette époque, une école anglaise autonome s'affirme, qui prend ses distances avec le modèle italien.

L'ordre moral

La peinture de la fin du XVIIIᵉ siècle est influencée par la philosophie du sublime, développée, en Angleterre, par le philosophe Edmond Burke, dans son ouvrage *A philosophical Enquiry into the Origin of our Idea of the Sublime and the Beautiful* publié en 1757, et en Allemagne par Hegel, dans sa *Phénoménologie de l'esprit,* 1806.
La mode de la montagne accompagne cette recherche du sublime, très présente dans l'œuvre de Turner. Cette peinture suggère l'épouvante, la profondeur, le chaos, et la rencontre de l'homme avec les forces de l'univers. La recherche de lieux propices à ces évocations, conduit Joseph Farington dans le Lake District, en 1775, puis Turner au Pays de Galles, en 1790. Mais le site « sublime » par excellence, est la chaîne des Alpes, dont les alpinistes commencent alors à peine la conquête. Grâce à la Trêve d'Amiens, en 1801-1802, qui permet les voyages entre l'Angleterre et la France, Turner visite le Saint-Gothard et le Mont-Blanc. Il est très impressionné par les sites. En témoigne la force de ses gravures : *The Sources of the Arveron, Valley of Chamouny* fig. 60, et *Mer de glace.* La proximité des tableaux de Hugard, *Inondation à Chamouny* fig. 59 et *Mer de glace,* avec les gravures de Turner révèle l'influence de ce courant philosophique sur la France : même site, même événement, même fusion des éléments déchaînés dans le chaos des forces naturelles dont Shelley décrit la force superbe et effrayante dans *Mont-Blanc,* un poème de 1817, contemporain de la gravure de Turner.

D'origine savoyarde, Claude Hugard suit, à l'École des Beaux-Arts de Genève, les cours de deux paysagistes romantiques, Diday et Calame.

Son œuvre témoigne d'un goût prononcé pour le paysage de montagne, particulièrement pour celui des Alpes et des Pyrénées.

Trente ans après Turner, Hugard peint la vallée de Chamonix d'une manière très proche des gravures du *Liber Studiorum,* publié en 1816 et qu'il a pu connaître.

Claude Hugard

59 *Inondation à Chamouny,*
   15 octobre 1853,
   Huile sur toile, 130 x 195 cm.
   Chambéry, Musée savoisien. A 572

Alfred Sisley

61 *La Seine à Suresnes,*
1877
Huile sur toile, 60,5 x 73,5 cm.
Paris, Musée d'Orsay. RF 2786

Dans les années 1870, Sisley s'installe à l'ouest de Paris. Il habite successivement Voisins-Louveciennes (1871), Marly-le-Roi (1874) et Sèvres (1877).

Il place alors son chevalet sur les bords de Seine, en prenant soin de commencer « toujours une toile par le ciel ». Bien qu'à la différence de Constable, on ne lui connaisse pas d'études de nuages, il semble y accorder la même importance. Dans *La Seine à Suresnes,* Sisley réserve les deux tiers du tableau à la mise en volume des masses nuageuses bordées de lumière.

La composition générale rappelle les vues panoramiques de la vallée de la Seine et de la Saône, que Cotman, Turner, ou Bonington ont peintes avant lui.

On remarque, dans la composition du tableau, une certaine analogie avec la *Fête des vendanges à Mâcon* fig. 62 de Turner. Les personnages du premier plan ont disparu dans le tableau de Sisley, mais l'inflexion du fleuve et la présence du pont de pierre sont très proches.

B. P.

Inlassablement, Sisley représente la Seine. Il cherche, cette fois, à capter la lumière diffuse d'une matinée d'hiver, à la manière de Turner dans son *Paysage avec une rivière et baie dans le lointain*, 1835-40 (Paris, Musée du Louvre).

Alfred Sisley

63 *La Seine à Suresnes ou à Bougival, Port-Marly gelée blanche,*
1872
Huile sur toile, 46,5 x 65,5 cm.
Lille, Musée des Beaux-Arts. P 1736

**Joseph Mallord
William Turner**

62 *Festival upon the Opening of the Vintage of Mâcon*
(Fête des Vendanges à Mâcon),
1803
Huile sur toile, 146 x 237,5 cm.
Sheffield, City Art Gallery.

L'importance du ciel dans la peinture anglaise

Cumulus, brumes, fumées...

« The sky should be done first, then the distances, so work downward
to the middle group and from that to the foreground and nearest parts »
(« Il faut peindre le ciel en premier, puis le lointain ; travaillez ainsi de haut en bas
vers le centre et, de là, vers le premier plan et les environs immédiats »
John Constable)[19].

Le déplacement des paysages d'Italie vers les paysages du Nord - qui intervient progressivement au XIXe siècle - est lié à cette recherche de ciels mouvementés, plus conformes à la sensibilité des peintres. Dans un essai de 1782, un peintre anglais écrit : « Nous avons... beaucoup d'avantages sur l'Italie par la plus grande variété et beauté de nos ciels du Nord... où tant d'événements se produisent dans le roulement des nuages »[20].

Les changements survenus dans la manière de peindre de quelques artistes français réfugiés en Angleterre pendant la guerre de 1870, tels Monet et Pissarro, ou d'origine anglaise comme Sisley, montrent l'influence de la peinture anglaise ou des caractéristiques du climat anglais, sujet principal de cette peinture nationale.

Ainsi la phrase de Constable sur la peinture du ciel, trouve-t-elle un écho tardif dans l'œuvre de Sisley, *La Seine à Suresnes* [fig. 61], ou encore *Le chemin de Montbuisson à Louveciennes*, 1875 (Musée de l'Orangerie), réalisés peu après son voyage de 1874 à Londres. Sisley disait lui-même :

« Le ciel ne peut pas n'être qu'un fond. Il contribue, au contraire,
non seulement à donner de la profondeur par ses plans..., il donne aussi
le mouvement par sa forme, par son arrangement en rapport avec l'effet
ou la composition du tableau... Je commence toujours une toile par le ciel »[21].

Pissarro et l'Angleterre

En 1870-1871, Pissarro se réfugie en Angleterre où vit sa mère. Il s'installe dans le Surrey et ne retourne à Louveciennes qu'en juin 1871. Il y rencontre Monet, Daubigny, Bonvin. Les œuvres qu'il réalise peu après son séjour, sont sensiblement différentes de sa période précédente. Sa vue du chemin de fer *Lordship Lane Station* [fig. 66] de 1871 est encore très proche, par sa matité et sa composition fermée, des *Bords de Marne* de 1864 (Glasgow, Art Gallery). Sa gouache *Route des environs de Londres* (Musée du Louvre) est déjà plus vibrante, animée par l'interaction entre les branches des arbres et la clarté du ciel. Elle rejoint nombre de ses œuvres à l'huile sur des rues en Angleterre, où la vibration de la lumière est perceptible. La petite aquarelle de Hyde Park noyé dans la brume, *La Serpentine* (Musée du Louvre), marque une étape dans l'intérêt que Pissarro porte aux brumes et à la neige ; on le retrouve dans ses œuvres postérieures, telles que ses vues de Rouen [fig. 65]. Les sensations de pluie sont rares dans l'œuvre de Pissarro. Aussi son *Après la pluie, Pontoise* [fig. 64] pourrait-il se situer dans la filiation des paysages anglais qu'il a vus à Londres, à la National Gallery : ceux de Hampstead Heath par Constable, ou bien les œuvres de Gainsborough, admirées à l'exposition de la Royal Academy, en janvier 1871. Pissarro évoque dans ses lettres son intérêt pour la peinture de Turner et Constable[22].

Il note qu'il a vu les aquarelles de Turner « avec des petits poissons », au South Kensington Museum. Est-ce la peinture anglaise, ou les vastes ciels de Londres, qu'il transcrit dans ses vues des jardins de Kew, lors de son troisième voyage à Londres, en 1892 ? Pissarro réagit à des influences artistiques extérieures d'une façon si indirecte, si personnelle que les liens sont difficiles à identifier. La relation intime et confiante avec la nature, exprimée par l'esquisse de Constable *The Stour Valley and Dedham Village* [fig. 67], est très proche de l'œuvre de Pissarro *Paysage à Pontoise* [fig. 68], de 1872. Les nuages y montent pareillement vers le haut du tableau. Leur luminosité bleu-gris est similaire. Au premier plan, les paysans affairés avec leur charrette sont regroupés de façon très voisine, particulièrement dans l'œuvre définitive de Constable, présentée à l'Académie et conservée aujourd'hui à Boston. Pissarro rentre alors d'Angleterre, après la Commune. La vie agricole, leitmotiv de son œuvre, est ici moins statique, la lumière plus changeante, l'espace agrandi. Les tableaux admirés à Londres, la campagne anglaise, l'importance du ciel ont-ils transformé sa vision ? Ou est-ce le contact avec Monet, Whistler, et l'évolution de la peinture impressionniste, après 1870 ? Ce voyage marque une rupture avec la période précédente, due peut-être, en partie, à une influence anglaise.

Camille Pissarro

66 *Lordship Lane Station, upper Norwood,*
1831
Huile sur toile, 45 x 55 cm.
Londres, Courtauld Institute Galleries.

Camille Pissarro

64 *Après la pluie, quai à Pontoise,*
1876
Huile sur toile, 46 x 55 cm.
Manchester, Whitworth Art Gallery.

Camille Pissarro

65 *Rivière ou Vue d'un port,*
Aquarelle avec traits à la mine de plomb,
13,9 x 22,8 cm.
S. b. d., "C.P."
Paris, Musée du Louvre. RF 28 797

Camille Pissarro

68 *Paysage à Pontoise,*
1872
Huile sur toile, 46 x 55 cm. (P&V 163)
Oxford, Ashmolean Museum.

John Constable

67 *The Stour valley and Dedham village,*
1814
Huile sur toile, 39,4 x 55,9 cm.
Leeds, Museum and Galleries - City Art
Gallery.

Joseph Mallord William Turner

69 *Rain, Steam and Speed : The great western Railway,* 1844
Huile sur toile, 90,8 x 122 cm.
Londres, National Gallery.

James MacNeill Whistler

70 *Nocturne in blue and green : Chelsea,* 1871
Huile sur bois
Londres, Tate Gallery.

Monet et l'Angleterre

« J'aime, (...) j'adore Londres. »
Pour fuir la guerre franco-prussienne, Monet gagne Londres à l'automne 1870. Au début du mois de décembre, il y fait la connaissance de Daubigny. Ce dernier, le voyant sans ressources, le recommande au marchand Durand-Ruel. En janvier, Monet retrouve son ami Pissarro, réfugié comme lui. Ensemble, ils découvrent les richesses de la ville et visitent les musées. À la National Gallery, ils admirent les innombrables huiles et aquarelles de Turner, en particulier, son très célèbre *Pluie, vapeur et vitesse* [fig. 69]. Il est probable qu'ils remarquent, au South Kensington Museum, plusieurs œuvres de Constable et qu'ils apprécient *La charrette de foin* [fig. 26] et le *Moulin de Flatford* à l'exposition de la Royal Academy, en janvier et février 1871[1]. Les deux artistes profitent aussi de leur séjour pour présenter leur travail aux Londoniens. Leurs noms figurent, en mars 1871, dans le catalogue de l'exposition de la Society of French Artists, organisée par Durand-Ruel à la German Gallery, ainsi qu'en mai 1871 à la section française de l'exposition internationale de South Kensington. Ils sont malheureusement, refusés à l'exposition d'été de la Royal Academy.

Pendant les huit mois passés dans la capitale anglaise, Monet exécute six tableaux dont une vue de Hyde Park et de Green Park. Il représente les citadins comme de frêles silhouettes disséminées sur une vaste pelouse. Peut-on voir dans cette disposition une analogie avec certains paysages de Constable, en particulier avec la *Vue de Hampstead en direction de Harrow,* 1821 (Manchester, City Art Gallery) ? Probablement, puisque selon Pissarro, Monet a, comme lui, été influencé par plusieurs œuvres de peintres anglais, y compris celles de Constable[2].

Après ce premier séjour, Monet retourne à Londres à six reprises. Son objectif est clair : peindre différentes vues de la Tamise, en automne et en hiver. La ville y est alors comme immobilisée par son mémorable *fog,* auquel viennent s'ajouter les suffocantes fumées des cheminées d'immeubles. « C'est le brouillard », confie-t-il à Gimpel, « qui donne à Londres son ampleur magnifique. Ses blocs réguliers et massifs deviennent grandioses dans ce manteau mystérieux »[3]. Monet passe trois hivers de suite, en 1899, 1900 et 1901, à capter les moindres changements atmosphériques. Il ne redoute rien tant que ces instants où il ne discerne pas « l'ombre d'une brume » et où tout est « d'une netteté épouvantable »[4].

Parmi les peintres qui ont représenté la Tamise dans le brouillard, le nom de Whistler vient en premier. De nombreux témoignages indiquent que Monet et le peintre américain se connaissent et s'apprécient mutuellement dans les années 1880, mais leur première rencontre date peut-être de la fin des années 1860 ou du tout début des années 1870.

L'occasion a très bien pu se présenter soit en Normandie en 1865, lorsque Whistler travaillait auprès de Courbet, soit à Londres en 1870, par l'intermédiaire de Daubigny. En 1887, Whistler invite le peintre français à présenter ses œuvres à l'une de ses expositions. Monet séjourne alors une quinzaine de jours, « émerveillé de Londres et aussi de Whistler, qui est un grand artiste ». Au-delà de l'amitié qui unit les deux hommes, on décèle dans ces quelques lignes l'admiration réelle de Monet pour l'œuvre de Whistler. En 1889, Monet s'installe au Savoy. Selon Eric Shanes[4], il est probable qu'il suit les conseils de l'Américain, familier de l'endroit. Du balcon de sa petite chambre, il aperçoit à sa gauche Waterloo Bridge, à sa droite, Charing-Cross. Dans plusieurs représentations picturales, Monet suggère la présence des deux ponts par de grandes lignes verticales, émergeant de l'immense étendue de brume. Cette vision se rapproche du *Nocturne in blue and green : Chelsea* [fig. 70], de Whistler.

Turner n'est pas non plus absent des évocations du Londres de Monet. Certaines vues de « cette ténébreuse et fumante capitale d'un autre monde » rappellent en effet plusieurs œuvres de Turner, tel *Incendie du Parlement*, 1835 (Philadelphia Museum). En 1904, Durand-Ruel expose trente-sept vues de la Tamise par Monet, que Mirbeau présente ainsi : « Du cauchemar, du rêve, du mystère, de l'incendie, de la fournaise, du chaos, des jardins flottants, de l'invisible, de l'irréel »[5].

De 1901 à 1905, à Giverny, Monet achève, dans une grande frénésie, la plupart de ses tableaux de Londres. L'émotion que lui a insufflée la ville l'incite alors à affirmer qu' « il n'y a pas de pays plus extraordinaire pour un peintre »[6].

Claude Monet

71 *Londres, le Parlement : trouée de soleil dans le brouillard,* 1904
Huile sur toile, 81 x 92 cm
Paris, Musée d'Orsay. RF 2007

Notes

1. Shanes Eric, 1994, pp. 19-20.
2. Pissarro, lettre à Wynford Dewhurst, 6 novembre 1902.
3. Gimpel R., 1963, p. 156.
4. Shanes E., 1994, p. 127.
5. Monet, *Tout l'œuvre peint.*
6. voir note 4.

James Tissot

72 *The Docks at Portsmouth,*
vers 1877
Huile sur toile, 38 x 54,5 cm.
Londres, Tate Gallery.

Édouard Manet

73 *Argenteuil,*
1874
Huile sur toile, 11,5 x 14,9 cm.
Tournai, Musée des Beaux-Arts.

La mer comme lieu privilégié de la peinture anglaise

Navires

La tradition maritime anglaise remonte au XVIIᵉ siècle. Par la force de son empire colonial, la marine anglaise, comme la marine de commerce hollandaise, sillonne les mers. Dans les deux pays, à la demande d'amateurs, on voit se multiplier les tableaux représentant des navires. Bonington a souvent peint la mer, parfois sous un jour calme, parfois par grand vent. Sa *Marine au ciel clair* fig. 74 est très aérienne. Les nuages montent comme des bulles dans un ciel léger. Ces œuvres rappellent la peinture hollandaise du Siècle d'Or, comme ces bateaux près de la côte de Jan Van Cappelle (Mauritsthuis, La Haye). La tradition picturale de la mer est liée au goût de la navigation et à l'esprit de conquête. C'est, pour les peintres, un thème stimulant. Dans l'œuvre de Sisley, *Les régates à Moseley* fig. 75, la lumière scintillante et les drapeaux qui flottent au vent rendent l'exaltation de la fête sportive. L'aquarelle de Cox, *Paysage d'estuaire* fig. 76, traduit aussi l'allant des bateaux remontant dans le vent.

Dans l'œuvre du plus anglais des Français, James Tissot, grand ami de Manet, ces bateaux sur la Tamise ont une toute autre connotation, mondaine, voire demi-mondaine. L'œuvre *The Docks at Porsmouth* fig. 72, est d'ailleurs une seconde version d'un tableau qui fit scandale. Le plus frappant, ici, est la proximité de l'œuvre, par son sujet et sa composition, avec d'une part la peinture anglaise de l'époque victorienne, d'autre part l'œuvre antérieure de Manet, *Argenteuil,* 1874 fig. 73. Les personnages occupent le premier plan et barrent l'espace. Ils semblent faire irruption dans notre champ visuel et masquent le ciel, serein et nuageux, si absent, par ailleurs, dans l'œuvre d'Édouard Manet.

Plages

La plage devient, dès 1750, un lieu touristique en Angleterre. La famille royale y découvre les bains de mer, ainsi que le décrit Alain Corbin dans *Le territoire du vide*. Constable peint les plages anglaises à la mode : Weymouth, à cent trente miles de Londres, est la résidence favorite de George III, à partir de 1780 et jusqu'à la fin de son règne, en 1811. Elle est ensuite détrônée par Brighton, située plus près de Londres, où séjournent le régent (qui règnera ensuite sous le nom de George IV de 1811 à 1830), et son successeur, Guillaume III, jusqu'à sa mort en 1837.

Constable s'installe à Brighton en 1824. Dans une lettre, il se plaint du rituel de la promenade au bord de la mer et de la foule qui contraste avec la beauté des paysages marins[23]. Ses vues de Brighton ne montrent jamais cette partie urbaine, ce « Piccadilly-sur-mer »[24]. Il ne regarde que la mer, les bateaux tirés sur le sable, en réparation, comme en témoigne son carnet de Brighton [fig. 28]. Ce sont aussi des promeneurs, noyés dans le vent et la couleur, dans *Brighton Beach* [fig. 153].

La mode des plages gagne la France en 1820, sous l'impulsion des touristes anglais. À partir de 1824, Dieppe devient une station recherchée grâce à la présence de la Dauphine, duchesse de Berry, qui souhaite, à la manière des souverains anglais, se rapprocher du peuple lorsqu'elle est en villégiature. Elle fait construire un petit pavillon à côté du Château d'Arques, à l'origine du tableau de Paul Huet, *Vue de la vallée d'Arques, près de Dieppe* [fig. 107]. C'est à Dieppe, également, que réside Delacroix en 1851 et qu'il dessine des carènes de navire sur le « carnet de Brighton » ayant appartenu à Constable. *La mer vue des hauteurs de Dieppe* (Musée du Louvre) est l'un des rares paysages de mer exécutés à l'huile par Delacroix de 1820 à 1855 ; ses nombreuses aquarelles de Normandie, telles que *Falaises* [fig. 77], témoignent de son intérêt pour la lumière des rivages. Pour fuir les événements de 1830, Corot s'installe quelque temps au Havre. Il y peint ses rares vues de mer [fig. 83] à la manière d'Isabey [fig. 82], et des peintres anglais.

Ce sont les touristes bourgeois qui lancent la mode des plages. Cox les dépeint dans *The Beach at Rhyl* [fig. 84] qui anticipe la peinture de Boudin [fig. 80]. Au contraire, les personnages de Cox à Calais [fig. 81], ceux de Fielding [fig. 79] et de Turner [fig. 17] sont de modestes baigneurs, pêcheurs ou ramasseurs de coquillages. Ces représentations d'hommes et de femmes d'humble condition, très fréquentes dans l'œuvre de Turner et de Bonington, s'inscrivent dans la lignée de Charles Dickens et du Victor Hugo des *Travailleurs de la mer.* Turner aime croquer les personnages dans cette petitesse qui fait aussi leur grandeur de peuple vivant et laborieux. Saisis dans des attitudes familières de loisirs ou de travail - qu'il s'agisse de ses personnages du Pays de Galles dans la série des gravures *England and Wales,* ou de ses Parisiens en bord de Seine - ils ont une force qui les fait échapper aux forces naturelles. Ils paraissent « élus ». Une atmosphère bien différente des paysages de Constable.

Richard Parkes Bonington

74 *Marine au ciel clair,*
Huile sur papier marouflé sur toile,
20,9 x 26,3 cm.
Besançon, Musée des Beaux-Arts et d'Archéologie. 896.1.19

D ans *Marine au ciel clair,* Bonington représente un petit port de pêche, à marée basse. Les bateaux échoués du premier plan, laissent entrevoir quelques habitations côtières dans le lointain.

L'absence de réel sujet dans les marines de Bonington a parfois suscité l'incompréhension, voire l'indignation des critiques. Bien que Médaille d'or au Salon de 1824 pour son *Marché aux poissons près de Boulogne,* le peintre est, comme ses compatriotes, l'objet de remarques acerbes. Coupin note que « tout n'est pas digne d'être regardé ». Thiers renchérit en parlant de « rivages insignifiants ». Le traitement pictural n'est pas mieux perçu : « Vus à une certaine distance, les ouvrages

anglais ont beaucoup de vérité, mais si l'on s'en approche, l'illusion disparaît et l'on ne trouve que des couleurs mal liées, qu'un travail grossier. » Coupin va jusqu'à employer le terme de « dégénérescence ».

On ne sait pas exactement à quelle date Bonington commença à peindre ses paysages à l'huile ; toutefois, si l'on en croit Delacroix, il utilisa pour la première fois cette technique au tout début des années 1820. On retrouve dans ses huiles les tons clairs, et surtout l'atmosphère sereine de ses aquarelles, malgré une pâte épaisse qui rappelle le jugement des Français sur les recherches de matière de Reynolds, « faites avec de la crème et du fromage ».

B. P.

Alfred Sisley

75 *Les régates à Moseley près de Hampton Court,*
1874
Huile sur toile, 62 x 92 cm.
Paris, Musée d'Orsay. RF 2787

David Cox

76 *Paysage d'estuaire,*
Crayon, lavis brun et gris et aquarelle sur
« Cox paper », 10 x 23 cm.
Calais, Musée des Beaux-Arts et de la
Dentelle. INV. 94.8.1

Datant vraisemblablement des années 1840, cette aquarelle est typique de l'art de David Cox, dans les vingt dernières années de sa vie. L'artiste utilise alors fréquemment un papier rugueux et impur qu'il fait venir de Dundee, d'ailleurs surnommé le « Cox paper ». Ce support est privilégié pour ses capacités d'absorption de la couleur diluée, ses « accroches » imparfaites du pigment qui modulent et animent la surface.

Il l'emploie ici dans un de ces dessins où le sujet est prétexte à des recherches stylistiques, à des expérimentations de la couleur et de la matière. Le paysage d'estuaire ou de côte laisse une part importante à l'élément liquide dans le quart inférieur du dessin, et surtout une part prépondérante au ciel. Cox esquisse, d'un côté, une ligne d'horizon basse, figurée, de l'autre, par la ligne de flottaison d'un grand voilier. Il utilise presque uniquement la couleur bleue, diluée ou pure, posée rapidement en larges aplats ou en touches plus précises. Le blanc du papier apparaît en réserve et figure nuages et voilures, tandis qu'une tache colorée de rouge dilué, posée sur la voile d'une petite embarcation, rehausse ce magnifique monochrome. Cette œuvre sensible et très maîtrisée révèle la fascination de l'artiste pour ces lieux où l'élément liquide le dispute à l'immatériel des effets atmosphériques. Il s'agit bien là de ce que Cox désignait lui-même comme « work of the mind which I consider very far before portraits of places ».

A. H.

Eugène Delacroix

77 *Falaises en Normandie,*
Aquarelle, 10 x 16 cm.
S. b. d. "E. D."
Paris, Collection particulière.

Richard Parkes Bonington

78 *Barque sur une mer un peu agitée,*
1818-1819
Mine de plomb et aquarelle avec grattages,
13,9 x 19 cm.
Paris, Musée du Louvre. RF 1467

Richard Parkes Bonington réalise cette aquarelle à l'âge de seize ans. Elle représente une barque voguant vers le large, sous un ciel menaçant. À son bord, cinq marins.
La mer a toujours été le sujet de prédilection de l'artiste. Ce goût lui a été en partie transmis par l'aquarelliste de marines Francia, lors de son séjour à Calais, en 1817.
On décèle déjà chez le jeune Bonington une grande aisance dans la pratique de l'aquarelle et des dons de coloriste très affinés. La transparence limpide de la mer laisse deviner les différentes tonalités des fonds marins et permet le subtil reflet de la barque et de la bouée sur l'eau. L'écume vaporeuse qui s'échappe délicatement des vagues suggère l'agitation de la mer. L'art de Bonington, si souvent admiré, a été qualifié par son ami Delacroix de « diamant ».

B. P.

Anthony Vandyke Copley Fielding

79 *Landscape with figures*
(Paysage avec personnages),
Aquarelle, 12,5 x 19,5 cm.
Londres, Victoria and Albert Museum.
E 991-1921

Eugène Boudin

80 *Dans les prés,*
Aquarelle avec traits à la mine de plomb,
11,2 x 24,5 cm.
S. d. b. d. 1865
Paris, Musée du Louvre. RF 3439

David Cox

81 *Fort rouge, Calais,*
1833
Aquarelle, 19,5 x 28 cm.
S. d. b. d.
Londres, Victoria and Albert Museum.
P 33-1936

Louis Gabriel Eugène Isabey

82 *Marine, baie de Saint-Malo au fond le Cap Fréhel,*
Aquarelle sur traits à la mine de plomb, papier jaune, 20,4 x 35 cm.
S. b. g. à la plume : "E. Isabey"
Paris, Musée du Louvre. MI 958

Jean–Baptiste Camille Corot

83 *Le Havre. La mer vue du haut des falaises,*
vers 1830
Huile sur toile, 23,5 x 40 cm.
Paris, Musée du Louvre. RF 1635

David Cox

84 *The Beach at Rhyl* (La plage de Rhyl),
1854
Aquarelle et crayon, 25,4 x 36,9 cm.
Liverpool, University of Liverpool Art Gallery and Collection. 94.8.1

Le littoral anglais revient comme un leitmotiv dans l'œuvre de David Cox. La présence humaine est ici à peine suggérée par les frêles silhouettes d'hommes et de femmes contemplant la mer. Ce n'est pas sans rappeler les scènes de plage qu'Eugène Boudin devait exécuter quelques années plus tard en Normandie.

Charles Viot

85 *Le Mont Saint-Michel,*
Aquarelle, 27 x 41 cm.
S. d. b. g. "Ch. Viot 1838"
Paris, Collection particulière.

Au service des nuages

Le succès de la peinture de paysage, au Salon de 1824, confirme la tendance apparue dans les dix années précédentes et entraîne une représentation pléthorique de la nature, dont la vogue, en France, culmine avec le Salon de 1831. Dès 1810, à l'exposition des aquarellistes en Angleterre, le critique du *Repository of Art* fait remarquer : « La première chose qui frappe l'observateur [...] est l'écrasante proportion de paysages, une proportion presque [...] déraisonnable : [...] Montagnes et précipices, rivières, lacs et bois, vastes abîmes romantiques et sublimes panoramas, emportent l'œil dans leur succession infinie et multiple »[25].

En France, la répétition des motifs fait dire à Paul Jamot : « Après tant de "bords de rivière", de "sous-bois", de "chemin du village", nous sommes tentés de nous demander si l'affranchissement du paysage fut une si précieuse merveille et si la victoire des paysagistes ne fut pas trop complète »[26].

L'apparente facilité du thème favorise cet excès, mais à l'origine, la nouvelle école est porteuse de sentiments nouveaux face à la nature. Ce mouvement, inspiré de l'Angleterre et qualifié par Amiel de peinture des « états d'âme », est caractérisé par une recherche d'harmonie avec la nature et la végétation, dont témoigne le poème de Wordsworth (1770-1850), *Tintern Abbey*, en 1798 :

> « Je suis donc toujours
> Un amoureux des prairies et des bois,
> Des montagnes aussi ; et de tout ce qu'offre
> Cette terre verte...
> Heureux de trouver dans la nature et le langage des sens,
> L'ancre de mes pensées les plus pures, la nourrice,
> Le guide, le gardien de mon cœur, et l'âme de
> Mon être moral tout entier »[27].

La nouvelle école abandonne en partie la recherche du paysage idéalisé, prescrite par Reynolds dans son *Discours sur la peinture* de 1797 : « Un peintre de paysage transporte notre imagination dans l'Antiquité... Un tableau de ce genre produira plus d'impression que ne le feraient les sites réels s'ils nous étaient présentés. » À l'inverse, Chateaubriand déclare, en 1797 : « Le paysage, il faut qu'il parle et qu'on éprouve les rêveries ou sentiments que font éprouver les sites »[28].

John Ruskin donne une interprétation très convaincante du mystère de ce nouveau paysage. Il établit une typologie de la symbolique du nuage, considérant que les peintres hollandais ont décrit la partie centrale du ciel, Turner la partie supérieure et « les modernes » la partie inférieure. Critique particulièrement clairvoyant et sensible, à défaut d'être rigoureux, Ruskin a perçu ce qui, dans le traitement du ciel, fait, à notre sens, la différence entre Constable et Turner, entre l'école de Barbizon et, d'une certaine façon, la peinture impressionniste.

John Constable

86 *Paysage aux nuages noirs,*
Huile sur toile, 28,5 x 41,2 cm.
Besançon, Musée des Beaux-Arts
et d'Archéologie. 896.1.45

La peinture anglaise qui décrit la « partie inférieure » du ciel est celle de Constable. Elle permet à l'espace situé entre le ciel et la terre de redevenir le lieu de la scène. Dans cet espace central, se joue la vie humaine, souvent fragile. Si le *Paysage aux nuages noirs* ^{fig. 86} est construit avec un ciel plat, proche du paysage hollandais, les vues de Hampstead ^{fig. 89} sont en revanche coiffées par la voûte du ciel, dans une perspective fuyante. Le regard se porte sur la mare, au centre, qu'une charrette semble vouloir traverser. Au-dessus, les nuages porteurs de pluie s'amoncellent ou se dissipent dans le soleil couchant. Les ombres qu'ils projettent sur le sol ne sont pas d'ordre lyrique ou métaphysique, mais plutôt symbolique. Elles sont le reflet des nuages filant rapidement dans le ciel, poussés par le vent, et soumettant la vie terrestre à leur caprice : pluie, tempête, apaisement. La petite charrette cahotant sur les chemins, sous un ciel menaçant, est un thème important et récurrent chez Constable.

On retrouve cette charrette – dont semble dépendre le sort de malheureux voyageurs - chez Dupré, *La petite charrette* ^{fig. 88}, et Corot, *Souvenir de Marcoussis* ^{fig. 87}, dans une composition presque symétrique. Les éléments de la « scène » sont le chemin, fil ténu que la charrette s'apprête à grimper, les bosquets sauvages qui dominent la sente et, au-delà, surgissant derrière eux, le ciel. Des nuages menaçants surprennent les voyageurs de Dupré. Beaucoup plus calme, la charrette de Marcoussis se glisse dans le vaste ciel serein.

Dans ce paysage du XIXe siècle, l'homme est le jouet du destin. On l'observe dans *Le coup de vent* de Corot, peint après son voyage en Hollande. La société industrielle nouvelle soumet l'homme de tous les jours à des évolutions techniques qui le dépassent, à la puissance des machines, à l'insécurité des mines et des usines (les hauts-fourneaux existent depuis 1760). Ces personnages, fragiles, tendres et émouvants, absorbés par le ciel immense, sont représentés dans l'aquarelle de Wyld, *Averse à la campagne, aux abords de Paris* ^{fig. 92}.

Chez Dupré, dans *Soleil couchant après l'orage* ^{fig. 91}, la menace semble plus intérieure. De nombreuses œuvres de l'école de Barbizon, comme celles de Théodore Rousseau, ont ce caractère oppressant, écho d'une souffrance personnelle où s'ourdit la névrose. Théodore Rousseau disait : « J'entendais la voix des arbres, les surprises de leurs mouvements... j'en découvrais les passions. » Sa gouache *Paysage d'Auvergne* ^{fig. 90} se rapproche de celle d'Auguste Ravier par le boueux des couleurs, et cette lointaine lumière jaune, diffusée par la brume, qui ne parvient pas à percer. Cette tension traduit une souffrance que l'on retrouve plus tard dans l'œuvre d'Edouard Munch.

Pour ses études de ciel à l'étang de l'Aleva ^{fig. 93, 94, 95, 96}, Ravier choisit de représenter le même site à différents moments du jour. Ses couleurs vives, ses rouges, ses jaunes, n'ont guère de rapport avec les ciels de Turner qu'il admirait et tentait d'approcher, sauf pour quelques ciels « sanglants » de la fin de sa vie. En ce lieu solitaire, Ravier semble appréhender le ciel comme le lieu d'événements surnaturels dont il guetterait l'apparition. La fascination pour le soleil, qui transparaît dans ce travail, évoque les

Jules Dupré

———————

88 *La petite charrette,*
Huile sur toile, 25 x 33 cm.
Paris, Musée du Louvre. RF 1414

Jean-Baptiste Camille Corot

———————

87 *Souvenir de Marcoussis,*
près de Montlhéry,
1855
Huile sur toile, 97 x 130 cm.
Paris, Musée d'Orsay. RF 1778

John Constable

89 *Branch Hill Pond, Evening*
   (Mare à Branch Hill, le soir),
   1821–1822
   Huile sur papier, 22,9 x 19 cm.
   Londres, Victoria and Albert Museum.
   339. 1888

Théodore Rousseau

90 *Paysage d'Auvergne,*
Gouache, encre noire, 20,6 x 30,7 cm.
Paris, Musée du Louvre. RF 5202

Jules Dupré

91 *Soleil couchant après l'orage,*
1851
Huile sur bois, 47 x 56,5 cm.
Paris, Musée du Louvre. RF 1419

À partir de 1850, Jules Dupré choisit de
peindre ses paysages dans le Val d'Oise,
où il devait se retirer, à L'Isle-Adam.
Exécuté en 1851 et probablement présenté au
Salon de 1852, ce tableau, comme l'indique
son titre, attache une importance primordiale à
la qualité particulière de la lumière, en ces instants où les rayons du soleil filtrent timidement
à travers les épais nuages regorgeant de pluie.
À la silhouette tourmentée des nuées répond le
profil tortueux et sombre de l'arbre, près de
l'étang où viennent s'abreuver quelques vaches.
Influencé par les paysages de Constable dont
l'œuvre fut révélée aux artistes français lors du
Salon de 1824, Dupré se souvient de son amitié
avec Théodore Rousseau qui accordait aux
arbres une dimension quasi humaine.

E. L.

soleils peints par Van Gogh, à Arles, à la fin de sa vie, ou sa *Nuit étoilée* de 1889. Seule la lumière filtrant à travers la brume nous rapproche de Turner.

Moins vibrante, mais aussi intérieure est la menace énigmatique qui emplit les vues de Versailles de Granet [fig. 97, 98], où les figures solitaires, condamnées à l'anonymat, errent comme des fantômes. La barque où montent les promeneurs semble celle de Charon. Granet, après de longues années en Italie, fut proche des artistes anglais installés à Paris. Ses études de ciel en Italie, avec leur lumière uniforme et leur caractère abstrait, portent la marque de Valenciennes. Les vues de Versailles ajoutent un sentiment nouveau, morbide et angoissant, plus proche du romantisme anglais.

La tempête

« Vers le milieu du XVIIIe siècle, le naufrage devient, après le tremblement de terre, la plus fréquente des figures de la catastrophe, dont l'évocation se doit d'émouvoir l'âme sensible.... Le naufrage constitue alors la forme la plus banale de l'accident »[29]. C'est dans cette tradition, stéréotypée et populaire, que s'inscrit la gravure de Turner *The Shipwreck*, qui montre aussi l'influence de Claude Gellée et Joseph Vernet sur le peintre. Il y a dans son *Stormy Sea* [fig. 100], une force supérieure, à la fois plastique et cosmique, qui fond les éléments, ciel, mer, navires, en une image fantomatique.

Ces éléments cosmiques n'apparaissent pas dans la toile de Constable *Weymouth Bay* [fig. 99], qui évoque la mort d'un ami du peintre, frère du poète Wordsworth. L'œuvre est profondément mélancolique. Sur une gravure de 1830 qui reprend ce thème, Constable inscrit ce vers de Byron : « There is a rapture on the lonely shore »[30]. Le tableau de Bonington [fig. 101], comme celui d'Isabey [fig. 102], décrit les naufrages des navires de contrebande et témoigne, malgré la différence de technique, huile et aquarelle, de l'indiscutable influence de Bonington sur Isabey. En 1858, Isabey reprend le thème de la catastrophe maritime, dans *L'incendie du steamer Austria*. Dans l'aquarelle de Collignon, *Les falaises d'Étretat par temps de tempête* [fig. 103], on retrouve le trait ample et doux de son maître Francia, visible dans *Navire échoué après un naufrage* [fig. 104].

Jugement

Les éléments déchaînés ont parfois une dimension mystique. Constable est croyant et le jugement divin apparaît à plusieurs reprises dans son œuvre. Dans une étude très rapidement brossée, *Rainstorm over the Sea* [fig. 106], la lumière tombe verticalement sur la mer et remonte avec force vers les nuages. Cette puissance lumineuse et fusionnelle est étrangement proche de *La Trombe* de Gustave Courbet [fig. 105]. Peut-on y voir le fait du hasard ? Lorsque Courbet peint ce tableau en 1865, il séjourne avec Whistler à Trouville. Il revient de l'Exposition Universelle de 1862, à Londres, où il visite les

William Wyld

92 *Averse dans la campagne aux abords de Paris,*
Aquarelle, 15,6 x 21 cm.
Signée en bas à gauche : « W. Wyld à son ami Rutter» ;
Datée en bas à droite : « 1er janvier...».
Londres, Collection particulière.

Initié par Louis Francia à la technique de l'aquarelle, William Wyld fut profondément influencé par les œuvres de Richard Parkes Bonington, dont il avait réalisé quelques copies en 1834.
Cette aquarelle exécutée en France, pays d'adoption de l'artiste, rappelle son admiration pour Bonington, particulièrement dans le traitement du ciel.
Lors de ses nombreuses missions diplomatiques entre la France et l'Angleterre, Wyld eut mainte occasion d'étudier la campagne aux environs de Paris.

musées anglais. Il n'a pas pu voir ce tableau, conservé par la fille du peintre jusqu'en 1888, avant d'être offert à la Royal Academy. Mais par-delà une influence directe, les deux œuvres participent de la même démarche spirituelle : l'expression d'une tension morale qui culmine dans la peinture des éléments déchaînés. On croit déceler, dans la fusion du ciel, de la lumière et de la mer, un chaos non-humain, une apocalypse analogue à celle que chante Shelley dans son *Ode au vent d'Ouest,* publiée en 1819 (Shelley se noiera dans la Méditerranée au retour d'une visite à Byron).

Que cette aspiration cosmique soit l'expression de la foi, comme chez Constable, ou de la révolte spirituelle et politique, comme chez Courbet, elle est la traduction paroxystique d'un désarroi. C. R. Leslie souligne le caractère autobiographique de l'œuvre de Constable, et Michaël Rosenthal suggère que l'anxiété, visible dans sa peinture après 1824[32], est liée à la longue maladie de son épouse, Maria, qui mourra en novembre 1828. La santé déclinante de Maria, tuberculeuse, incite Constable à s'installer à Hampstead, puis à Brighton. N'exprime-t-il pas sa révolte contre la rigueur du sort dans cette tempête soudaine de Brighton ?

À l'automne 1865, après un travail acharné, Courbet a exécuté vingt-cinq paysages de mer. Ils reflètent un conflit intérieur et le caricaturiste Randon voit dans ces tableaux l'image de la Genèse : « De même que Dieu a tiré le ciel et la terre du néant, de même M. Courbet tire ses marines de rien, ou à peu près rien : trois tons sur sa palette, trois coups de brosse... et voilà une mer et un ciel infini »[33]. Ce commentaire aurait pu s'appliquer à l'œuvre de Constable.

Apaisement et fusion

L'arc-en-ciel qui resplendit après la pluie, marque la fin de la tempête. Ce phénomène, très présent dans l'œuvre de Constable, est analysé par Isaac Newton, au XVIIe siècle. Newton démontre que la lumière est faite de couleurs primaires, décomposées par le prisme. Cet arc-en-ciel semble fasciner tout particulièrement l'Angleterre romantique. Dans son étude *Unweaving the Rainbow,* John Gage note que pour Constable et Reynolds, le paysage de Rubens, peintre de référence, a pour grandes constantes « des arcs-en-ciel sur des ciels de tempête, ... lumière lunaire, météores ». Parmi les sept œuvres de Rubens avec arcs-en-ciel, cinq se trouvaient dans des collections britanniques au début du XIXe siècle[34]. Les peintres s'exercent à peindre les couleurs du prisme et s'appuient sur les diagrammes de Newton, ou de Harris.

Mais les romantiques se rebellent contre la science qui décapite les rêves. Les théories de la couleur et, par extension, de l'arc-en-ciel, sont à l'origine d'une véritable bataille philosophique. Gœthe consacre une partie de sa vie à montrer que Newton se trompe quand il affirme, en 1740, que la lumière ne vient pas de la rencontre du noir et du blanc mais qu'elle est composée de couleurs. Dans sa *Théorie des couleurs,* publiée en 1810, il prétend prouver le contraire par des exemples visuels banals, sans valeur scientifique. L'enjeu

Shelley

Ode to the West Wind,
1792-1822
(II, lignes 15-28)

Thou on whose stream, mid the steep sky's commotion,
Loose clouds like earth's decaying leaves are shed,
Shook from the tangled boughs of Heaven and Ocean,
Angels of rain and lightning : there are spread
On the blue surface of thine aëry surge,
Like the bright hair uplifted from the head
Of some fierce Maenad, even from the dim verge
Of the horizon to the zenith's height,
The locks or the approaching storm. Thou dirge
Of the dying year, to which this closing night
Will be the dome of a vast sepulchre,
Vaulted with all thy congregated might
Of vapours, from whose solid atmosphere
Black rain, and fire, and hail will burst : Oh, hear !

Ode au Vent d'Ouest

Toi dont le courant, dans les brusques
Sursauts du ciel,
Porte les nuages épars comme les feuilles
Mortes de la terre,
Tu sèmes, des rameaux entrelacés du Paradis
Et de l'Océan,
Des anges de pluie et d'éclairs :
Sur la surface bleue de ton flot aérien,
Comme les cheveux clairs dressés sur la tête
De quelque féroce Ménade, de la limite ultime
De l'horizon jusqu'aux hauteurs du zénith,
S'épandent les boucles de la tempête qui
Approche. Toi le chant funèbre
De l'année qui meurt, dont cette fin de nuit
Sera le dôme d'un vaste sépulcre,
Voûté de toute la force assemblée de tes vapeurs,
De ta masse aérienne
La pluie noire, et le feu et la grêle éclateront :
Ô entends ![31]

A u g u s t e   F r a n ç o i s   R a v i e r

93 *Paysage au crépuscule,*
   Aquarelle gouachée sur traits à la mine de
   plomb, 27,2 x 36,3 cm.
   Paris, Musée du Louvre. RF 2922

A u g u s t e   F r a n ç o i s   R a v i e r

94 *Un étang, au-delà une plaine,*
   Aquarelle, 19,5 x 24,7 cm.
   S. b. d. : "A. Ravier"
   Paris, Musée du Louvre. RF 23 604

A u g u s t e   F r a n ç o i s   R a v i e r

95 *L'étang de l'Aleva, harmonie bleue,*
   Aquarelle sur traits au crayon, 20,9 x 29,8 cm.
   S. b. d., à la plume : "F. A. Ravier"
   Paris, Musée du Louvre. RF 3444

A u g u s t e   F r a n ç o i s   R a v i e r

96 *Vue de l'étang de l'Aleva au soleil
   couchant,*
   Aquarelle gouachée sur traits de crayon,
   21,1 x 30,9 cm.
   S. b. d., au crayon : "F. Ate Ravier"
   Paris, Musée du Louvre. RF 31 749

F r a n ç o i s   M a r i u s   G r a n e t

98 *Les bois de Satory,*
   Aquarelle, encre noire, 10,1 x 16,6 cm.
   Paris, Musée du Louvre. 26 881

Ravier a représenté ce site de l'Aleva plus
de mille fois, à différents moments du
jour. Cette démarche fait peut-être écho aux
théories de Valenciennes, auxquelles il aurait
été sensibilisé par Corot.

François Marius Granet

97 *La pièce d'eau des Suisses avec des pêcheurs dans une barque, jardins du château de Versailles,*
Aquarelle, encre noire, 10,5 x 14 cm.
Paris, Musée du Louvre. 26881bis

est de taille. Il s'agit de préserver le pouvoir de la poésie que Newton tenait pour « une sorte d'absurdité astucieuse »[35]. L'arc-en-ciel reprend progressivement une fonction symbolique dans la peinture romantique, malgré la vision aseptisée imposée par la science. Constable l'étudie attentivement, comme il étudie les nuages, afin de l'introduire dans ses œuvres ; on le constate dans *London from Hampstead with double Rainbow* [fig. 108]. Il est le signe du Jugement dans *Stoke by Nayland*, gravure très proche du tableau de Ruisdaël *Le cimetière juif,* dont les peintres admirent beaucoup le caractère moral et symbolique. Dans *Salisbury Cathedral from the Meadow,* vue de la cathédrale de Salisbury datée de 1835, l'arc-en-ciel fait figure de rédempteur dans des ciels où la tempête se calme. Paul Huet traduit cet apaisement dans *Vue de la vallée et du château d'Arques* près de Dieppe [fig. 107], dont le ciel est éclairé par un double arc-en-ciel. L'espace est tout aussi vaste dans la *Vue de Rouen,* œuvre ample par sa composition et ses proportions. Le regard s'enivre de l'horizon lointain de l'élévation du ciel marquée par les nuages. On sent là un souffle déjà présent dans *Weymouth Bay* de Constable, caractéristique de l'école anglaise[36], et l'on retrouve l'espace flou de l'arrière-plan de Salisbury vue du sud [fig. 128].

Dans *Matin heureux* [fig. 109] et une petite étude à l'huile, *La porte de Saint-Moret* [fig. 110], c'est une lumière enveloppante qui traduit l'apaisement. L'homme de dos semble prêt à disparaître, absorbé par l'atmosphère. La lumière jaune et englobante, la pureté triomphante des bleus, révèlent l'impact de l'amitié qui unissait Huet et Bonington. On est loin des visions littéraires de Huet, dans ses paysages d'Auvergne. Ici s'exprime une fusion lyrique avec la nature, où l'homme est comme enveloppé de ciel et aspiré par la lumière.

John Constable

99 *Weymouth Bay* (Baie de Weymouth),
vers 1819
Huile sur toile, 88 x 112 cm.
Paris, Musée du Louvre. RF 39

Joseph Mallord
William Turner

100 *Stormy Sea,*
Aquarelle
Londres, Tate Gallery. CCLIX 20

En octobre 1816, Constable épouse Maria Bicknel et vient passer sa lune de miel dans la baie de Weymouth.

Constable représente un paysage d'estuaire par temps de tempête. On distingue, au premier plan, la silhouette d'un homme et d'une femme près d'une barque. Au loin, un berger et son troupeau.

David Lucas a exécuté, d'après ce tableau, une gravure en vue de la publication d'*English Landscapes*.

B. P.

Richard Parkes Bonington

101 *The Undercliff* (Au pied de la falaise),
1828
Mine de plomb et aquarelle avec grattages,
13,8 x 19 cm.
Au verso, une inscription à l'encre de
Mme Bonington : « August 6th and 7th 1828.
The last drawing made by our son about prior
to his fatal dissolution. Never to be parted with. »
Nottingham, Castle Museum and Art Gallery.
NCM 1928. 171

Au pied d'une falaise, des personnages
s'activent autour de mulets chargés de
marchandises. L'un d'eux semble désigner
l'horizon.
Le catalogue de la vente de 1838 identifie les
personnages comme étant des contrebandiers
guettant l'arrivée de navires britanniques.
Le peintre s'est peut-être représenté lui-même
sous l'aspect de l'homme au chapeau de paille
et à la veste bleue, assis à gauche, en retrait.
Bonington connaît bien le littoral normand
qu'il a parcouru à plusieurs reprises, seul, ou
accompagné d'Eugène Isabey. Dans le tableau
de ce dernier intitulé *Vue prise de la côte
normande* [fig. 102], on retrouve l'immense façade
crayeuse ainsi que la disposition des
personnages et des barques sur la grève.

B. P.

Louis Gabriel Eugène Isabey

102 *Vue prise de la côte normande,*
Huile sur toile, 97 x 130 cm.
Paris, Musée du Louvre. RF 1981.11

Gustave Courbet

105 *La Trombe,*
1865
Huile sur toile marouflé sur carton,
43,2 x 65,7 cm.
Philadelphie, Philadelphia Museum of Art.
JC 948.

John Constable

106 *Rainstorm over the Sea,*
1824–1828
Huile sur papier marouflé sur toile,
22,2 x 31 cm.
Londres, Royal Academy of Arts.

Charles ou Jules Collignon

103 *Les falaises d'Étretat par temps de tempête,*
Aquarelle sur papier blanc, 10 x 22 cm.
Inscription en bas à gauche à l'encre bistre :
« ... on. Étretat. »
Sous le dessin, papier collé portant
la signature : M. Collignon.
Calais, Musée des Beaux-Arts.

Dès la parution, en 1820, du premier tome des *Voyages pittoresques et romantiques dans l'ancienne France* de Taylor et Nodier, la Normandie à laquelle ce volume est dédié, devient un lieu à découvrir pour les peintres de paysage et d'architecture, pour la plupart liés aux romantiques. Si, à la suite de Bonington, certains privilégient l'étude des villes et de leurs monuments médiévaux, d'autres s'attachent à peindre les côtes baignées par l'océan Atlantique : vues de ports (Garneray), scènes de côtes animées d'une multitude de personnages pittoresques, pêcheurs, contrebandiers, douaniers, promeneurs (Isabey). Les sites naturels spectaculaires, les scènes de tempête, les éléments déchaînés, sont particulièrement recherchés. C'est que, comme l'écrit Alain Corbin, « les romantiques font du rivage un lieu privilégié de la découverte de soi ». C'est là qu'est possible « une vibration particulière du moi, née de la perception exaltante de sa confrontation aux éléments ». La confusion des éléments, mer, air, terre, exaltée dans les scènes paroxystiques de tempêtes, autorise « la rêverie de fusion avec les forces élémentaires ... la rêverie panthéiste »[1].

L'aquarelle de Collignon s'inscrit parfaitement dans cette nouvelle problématique. La falaise, traitée en lavis ocre-brun posé en larges aplats, est assaillie par la mer démontée, peinte dans des tons bleu-vert d'intensité variable. Au premier plan, des rehauts bruns modulent la couleur dominante des flots chargés de sable qui se fracassent sur les rochers en grandes gerbes d'écume. Celle-ci n'est pas rendue par une réserve blanche de papier, mais grattée avec le dos du pinceau, une fois la couleur sombre posée. Cette technique, plus fréquente dès le milieu du XIXe siècle, permet plus de liberté et une expression plus directe et immédiate qui correspond mieux au nouveau regard de l'artiste sur la nature. Le ciel presque noir laisse cependant percer une lueur qui éclaire en nuances le centre de la composition. Cette très belle aquarelle des années 1830 montre que certains artistes français accordaient à ce genre le statut d'œuvre d'art et en avaient très vite maîtrisé la technique.

A. H.

1. Corbin A., 1988, cité dans *Désir de rivage*, p. 55.

Louis Francia

104 *Navire échoué après un orage,*
Aquarelle crayon et plume, 16,3 x 30,8 cm.
Signé vers le bas et à droite, sur un rocher :
L. Francia.
Calais, Musée des Beaux-Arts. 86.57.1

Louis Francia se fait d'abord connaître en Angleterre comme peintre de paysages. Toutes les œuvres exposées à la Royal Academy, à partir de 1795, témoignent de la prédilection de l'artiste pour l'intérieur des terres, qu'il s'agisse de campagne ou de montagne. Mais autour de 1806-1808, Francia commence à aborder le thème de la marine, qui deviendra peu à peu le thème majeur de son répertoire. La date habituellement proposée pour cette aquarelle est 1808, ce qui place l'œuvre au début de cette nouvelle thématique. Francia s'est arrêté sur une grève, après une tempête. La mer, encore sombre mais maintenant calme, a laissé, en se retirant, un navire échoué, carcasse lugubre. Le ciel lourd donne au paysage un aspect désolé. Une silhouette d'homme armé se profile sur la droite, derrière les rochers : est-ce un douanier ou un soldat chargé de surveiller l'épave ? Toutefois, cet élément anecdotique n'est que secondaire.

Ce qui a retenu l'attention de l'artiste, ce sont l'étendue du littoral, la confusion de l'horizon, le rendu d'une atmosphère.
Francia a choisi une gamme chromatique restreinte, dans une tonalité sourde : gris et ocres, essentiellement.
La couleur très fluide est disposée par touches rapides, plus ou moins larges, plus courtes et rondes dans le ciel, pour suggérer les nuées, plus longues et serpentines sur la grève. Seule la lumière, traversant timidement les nuages, unifie l'ensemble de la composition.
Plus qu'un regard anecdotique sur un paysage, Francia livre là une perception subjective, pleine d'émotions, de ce littoral et de ses éléments, la mer, le sable, le ciel et la lumière. Très proche des recherches de Girtin, il élabore un art avant tout expressif, fondé sur la transcription des émotions.

A. H.

103

104

Paul Huet

107 *Vue de la vallée et du château
d'Arques, près de Dieppe,*
1840
Huile sur toile, 114 x 165 cm.
Orléans, Musée des Beaux-Arts. INV 514

La Normandie est une région qui attire particulièrement Huet. Il y fait de fréquents séjours, s'attardant aussi bien sur les côtes qu'à l'intérieur des terres.
La *Vue de la vallée et du château d'Arques, près de Dieppe,* comme celle de *Rouen, vue du Mont-aux-Malades* a sûrement été exécutée d'après les nombreuses aquarelles prises sur le vif, en vue du Diorama Montesquieu. En 1929, Huet réalise en effet une gigantesque peinture de plus de treize mètres de long. Elle devait malheureusement disparaître, lors de l'incendie du théâtre de la Gaîté. Selon les témoignages de l'époque, elle représentait les mêmes sujets que les tableaux d'Orléans et de Rouen. Les chaleureuses critiques dont le diorama fit l'objet témoignent de l'engouement du public pour ce nouveau genre pictural.

B. P.

John Constable

108 *London from Hampstead with a double
Rainbow,*
Inscription : "Between 6 and 7 o'clock evening June, 1831"
Aquarelle, 19,6 x 32,2 cm.
Londres, British Museum.

Paul Huet

109 *Matin heureux : sur un chemin longeant une rivière, femme et cheval marchant,*

Aquarelle, encre noire, mine de plomb, 8,6 x 10,3 cm.

Paris, Musée du Louvre. RF 31.710

Paul Huet

110 *Porte de Saint-Moret,*

1826

Huile sur bois, 23,7 x 29,5 cm.

Sceaux, Musée de l'Ile de France. 60.26.13

Lumière et harmonie

« Golden visions, glorious and beautiful. One could live and die with such pictures »
(Visions dorées, glorieuses et superbes. On pourrait vivre et mourir avec de telles
peintures).

Cette phrase de Constable, témoignage du respect qu'il vouait à l'art, plus reconnu, de
son rival, illustre parfaitement la sensibilité de Turner dont l'œuvre, modelée par la
lumière, en explore sans cesse la gamme.

Lumière et calme

Dans la gravure de Turner, *Norham Castle* [fig. 111], les vaches occupent l'espace intermédiaire, comme souvent chez Constable, mais la calme grandeur du paysage est
exprimée par la lumière du couchant qui enveloppe les animaux, l'eau et le château.
Cette gravure, si proche du *Bac* [fig. 112] de Constant Troyon, propose, comme chez ce
dernier, une vision idéalisée de la nature. Le soleil couchant est utilisé pour sa tonalité
dorée, traduite dans la gravure par « la manière noire ». Ainsi le jaune doré du
couchant joue-t-il le rôle des fonds dorés de la peinture du Moyen Âge, couleur du
Dieu en Majesté du Jugement Dernier.
Ces *golden visions* de Turner, très subtiles, sont souvent plus sereines qu'inquiètes, et
empreintes d'un sentiment d'apothéose plus que d'apocalypse. Cette apothéose n'est
pas celle du divin, mais de la nature et de l'homme dans leur dimension éphémère. La
vie agricole, modifiée au XIXᵉ siècle par l'émergence de l'industrie, est idéalisée chez
Troyon.
Constable illustre aussi la sérénité de la campagne à l'aide de la lumière dans *Autumnal
Sunset* [fig. 114]. Ici, tout est simple, primitif, non transfiguré. Le crépuscule jette des ombres
douces sur le chemin que descendent les paysans retournant au village. Constable passe
plusieurs mois par an au hameau de Dedham, où il est né, jusqu'à son mariage en 1817.
Il nous livre dans ce tableau une vision familière, la vallée vue depuis la maison de
Madame Robert. Le tableau de Corot, *Sèvres Brimborion, vue des hauteurs de Paris* [fig. 113],
est d'une composition similaire : même chemin, même vue fuyante vers une vallée,
mêmes personnages, femme à pied et homme à cheval. Cette impression de
simplicité, de calme et d'éternité répond à un certain classicisme chez Corot. Chez
Constable, le choix de l'automne s'inscrit dans une tradition anglaise classique, qui veut
que les couleurs de l'automne conviennent mieux à la grande peinture de paysage que
les verts éclatants de l'été. À partir de 1820, Constable se démarque de cette tradition.
La proximité des deux œuvres tient à une sensibilité commune que l'on retrouvera
dans la *Vue de Saint-Lô* de Corot.

Constant Troyon

112 *Le bac,*
   Huile sur toile, 100 x 138 cm.
   Paris, Musée du Louvre. RF 1962.23

**Joseph Mallord
William Turner**

111 *Norham Castle,*
   Eau forte et manière noire
   Liber Studiorum, 1816, pl. 21,6 x 29,2 cm.
   Paris, Bibliothèque Nationale. Cd83 res.,
   boîte VII

Jean-Baptiste Camille Corot

113 *Sèvres Brimborion, vue des hauteurs de Paris,*
1855-1865
Huile sur toile, 34 x 49 cm.
Paris, Musée du Louvre. RF 1352

John Constable

114 *Autumnal Sunset,*
1812
Huile sur toile, 17,1 x 33,6 cm.
Londres, Victoria and Albert Museum.
127.1888

Jacob Van Ruisdaël

115 *Le blanchissage dans les champs près de Haarlem,*
1670-1675
Huile sur toile, 52 x 65 cm.
La Haye, Mauritshuis. 155

Constant Troyon

116 *Marine, deux barques sur l'eau, village,*
Aquarelle, encre noire, 3,8 x 6,4 cm.
Faux cadre découpé en papier blanc, imitation dentelle
S. b. d., "C. Troyon"
Paris, Musée du Louvre. RF 29 901

Lumière lyrique

À la calme lumière de Norham Castle, Turner substitue, dans ses vues de Seine, une lumière lyrique qui unit le ciel et l'eau. L'aquarelle *Entre Quillebœuf et Villequier* [fig. 15] en est un exemple, d'une tonalité très « sublime ». Le sublime, on l'a vu, est l'expression de la majesté grandiose, et souvent angoissante, de la nature. Ici, la magnificence des lumières, leurs reflets nombreux, les contrastes de noirs et de jaunes donnent une impression de grandeur opulente, marque de l'admiration que Turner porte à la peinture vénitienne. Tous les éléments se trouvent mêlés dans l'eau, fumée des navires et nuages du ciel confondus par le vent. Ces tonalités sont aussi celles de *Funérailles en mer*, 1842, du *Combat du Téméraire* que Monet a pu voir à la National Gallery, en 1870. On retrouve dans l'œuvre de Monet, *Soleil couchant à Vétheuil* [fig. 119], ces mêmes effets, dépouillés du « romantisme exubérant de son imagination » que Monet reprochait à l'art de Turner[37]. Le séjour à Vétheuil précède le séjour à Giverny. La touche de Monet devient de plus en plus libre [fig. 118] et annonce la fusion de la lumière et de la couleur dans le reflet, qui fait tout le sujet des *Nymphéas*.

Les vues de Seine de Constant Troyon [fig. 116, 120] dont la composition est compartimentée par l'éclairage, nous permettent de mesurer l'écart entre ce peintre français du milieu du XIXᵉ siècle et l'approche de Turner, Monet et Sisley. *La Seine vue des coteaux de By* [fig. 121] est extrêmement proche, par sa composition, de *La lanterne de Saint-Cloud* [fig. 2]. Les paysages de Turner ne sont pas toujours des vues imaginaires, mais le traitement de la lumière transforme une vue pittoresque et topographique en une œuvre plus abstraite, dominée par la vibration chromatique, comme dans sa gouache de la *Cathédrale de Rouen* [fig. 14]. On a remarqué depuis longtemps la proximité de celle-ci avec les séries de Monet [fig. 117]. Les aquarelles de Turner étaient, pour l'essentiel, réalisées en extérieur et nécessitaient une grande mémoire visuelle. Le peintre gardait le souvenir des couleurs, comme des taches lumineuses qui auraient imprimé sa rétine. « Quand vous sortez peindre, disait Monet, essayez d'oublier les objets qui sont devant vous... Pensez simplement, ici se trouve un petit carré de bleu, ici une tache rose oblongue, ici un point jaune... »[38].

Hagiographe de Turner, John Ruskin écrit en 1857, dans *Elements of Drawing* : « Tout le pouvoir technique de la peinture dépend de la capacité à retrouver l'innocence de l'œil, c'est-à-dire la perception enfantine de ces taches plates de couleur, ... sans conscience de ce qu'elles signifient »[39]. Monet lui-même aurait déclaré que « quatre-vingt-dix pour cent de la théorie de l'impressionnisme est dans les *Elements of Drawing* »[40].

Claude Monet

118 *Les coteaux près de Vétheuil,*
Huile sur toile, 14,4 x 22,1 cm.
Rouen, Musée des Beaux-Arts. D.952.2

Claude Monet

119 *Vétheuil, soleil couchant,*
1901
Huile sur toile, 39 x 92 cm.
Paris, Musée d'Orsay. RF 2006

Claude Monet

117 *La cathédrale de Rouen. Le portail et la tour Saint-Romain,*
plein soleil , harmonie bleue et or, 1893
Huile sur toile, 75 x 104 cm.
Paris, Musée d'Orsay. RF 2002

Constant Troyon

120 *Vue des environs de Sèvres,*
   Huile sur toile, 38 x 64 cm.
   Sceaux, Musée de l'Ile-de-France.

Troyon est, à l'origine, un peintre de
paysages sur porcelaine. Sa représentation
de la Seine aux environs de Sèvres en
témoigne, tout comme la minuscule aquarelle
peinte sur une dentelle de quelques
centimètres, et représentant sans doute une
boucle de la Seine [fig. 116]. Ces deux paysages sont
paisibles, la lumière y est douce et uniforme.
Dans la première œuvre l'accent est mis sur la
manufacture, grâce à la projection de la lumière
blanche sur les bâtiments. Le ciel est ainsi
clairement placé en arrière-plan. Précise et
tempérée, cette œuvre évoque le tableau de
Ruisdaël *Le blanchissage dans les champs près de
Haarlem* [fig. 115].

B. P.

Alfred Sisley

121 *La Seine, vue des coteaux de By,*
   1881
   Huile sur toile, 37 x 55 cm.
   Paris, Musée d'Orsay. MNR 210 [bis]

En 1880, Sisley quitte la Seine-et-Oise pour
la Seine-et-Marne. Il réside alors à
Veneux-Nadon, près de Moret-sur-Loing. La
région lui est familière puisque c'est aux
alentours de la forêt de Fontainebleau que le
peintre a exécuté ses premiers paysages de plein
air, presque vingt ans auparavant.
À By, Sisley retrouve la Seine, et manifeste
toujours la même fascination pour le ciel. La
diagonale très accusée qui divise le tableau en
deux parties permet de lui consacrer la moitié
de l'espace, l'autre étant réservée à la terre.
Le premier plan surélevé et très accentué,
laissant entrevoir la vallée de la Seine, n'est pas
sans rappeler les aquarelles de Turner dans le
recueil *French Rivers* (1833). La similitude est
particulièrement frappante avec le *Pont de
Saint-Cloud, vu de Sèvres* [fig. 4].

B. P.

L'espace comme liberté

Pour Paul Jamot, Corot contribue, en 1830, à renouveler la notion de perspective : « Muni d'une palette restreinte, Corot a exprimé l'air qui est la respiration de notre planète, la lumière qui en est la joie et l'espace qui est la conquête indéfinie de nos yeux »[41]. Dans cette exposition, nous avons voulu rapprocher deux tableaux quasi contemporains, la *Vue générale de la ville de Saint-Lô* de Corot [fig. 127] et *Salisbury from the South* de Constable [fig. 128]. La construction de l'espace y est très proche : Corot et Constable semblent y appliquer les principes de la peinture pittoresque de Gilpin, qui conseillait de laisser le premier plan flou pour projeter le regard sur l'arrière-plan. Cet arrière-plan est immense, indéfini, entièrement pris par la masse grise des nuages où pointe le clocher d'une église. Dans l'espace central, à peine visible, une rivière dont les éclats argentés se distinguent mal de la grisaille, coule avec un ample mouvement dans le paysage couleur de terre. L'analyse de Paul Jamot, qui vaut pour ces deux toiles, nous engage à y voir le besoin d'un espace, calme, immobile, où seuls les nuages semblent glisser.

« M. Corot, écrit le critique de *L'artiste* en 1836, n'appartient ni à l'école classique du paysage ni à l'école anglo-française, encore moins à celle qui s'inspire des maîtres flamands. Il paraît avoir [...] des convictions bien à lui que nous ne chercherons pas à lui faire perdre, l'originalité n'étant pas chose si commune »[42]. Ces convictions bien à lui, ont permis à Corot d'adopter, entre deux voyages en Italie, une manière qui n'est pas très éloignée de celle de Constable dans certains paysages. Cela confirme la variété de son talent et la liberté de sa pensée à l'égard des modèles et des sites naturels.

Gustave Courbet

---

122 *Les bords de la mer à Palavas,*
    1854
    Huile sur toile, 38 x 46 cm.
    Montpellier, Musée Fabre. JC 948

L'action

La toile de Courbet, *Les bords de la mer à Palavas* [fig. 122], peinture de la conquête de l'espace marin, nous paraît relever d'une vision plus existentielle. Comme l'analyse Alain Corbin[43], le besoin de mer, c'est le besoin qu'a l'homme du XIXe siècle de se placer au bord du monde, à la limite entre terre et ciel. La révolte est exprimée par ce bras tendu de l'homme qui semble défier l'horizon. Proche de l'œuvre de Whistler, *Mer et pluie* [fig. 123], par les couleurs et la composition en aplat, elle est plus violente et plus active. La très belle étude de vague de Michallon à Salerme [fig. 124], comme celle d'Isabey [fig. 125], appartient encore à la tradition classique. Michallon traite la mer d'une manière décorative, recherchant, comme Isabey, les effets d'écume sur les vagues. Le tableau est l'expression d'une pensée sur la nature. Dans *Mer orageuse ou la vague* de Courbet [fig. 126], la pensée fait place à l'action. Action sur la matière picturale, sur la composition de l'espace. La lumière surgit du fond du ciel, comme la vague figée surgit sur le rivage. Son tableau *La vague* (Musée des Beaux-Arts, Lyon) ne restitue ni la lumière ni le mouvement de la vague : c'est la matérialité rugueuse de la peinture elle-même qui semble faite de sable et d'écume.

James Machneill Whistler

---

123 *Mer et pluie,*
    1865
    Huile sur toile, 51 x 73,4 cm.
    Ann Arbor, the University of Michigan
    Museum of Art. 1.89

Jean-Baptiste Camille Corot

127 *Vue générale de la ville de Saint-Lô,*
1833
Huile sur toile, 46 x 65 cm.
Paris, Musée du Louvre. RF 2580

John Constable

128 *Salisbury from the South* (Salisbury
vue du sud),
1820
Huile sur toile, 35,5 x 51,1 cm.
Paris, Musée du Louvre. RF 1952. 25

Dès l'automne 1811, le peintre exécute de nombreuses études sur le motif de la ville. C'est durant ce premier séjour qu'il consolide son amitié avec le neveu de l'évêque de Salisbury, John Fisher. Ce dernier semble jouer un rôle capital dans la vie de l'artiste. Il partage avec lui le même amour de la nature, la même passion pour la peinture. Grand admirateur de l'œuvre de Constable, John Fisher acquiert plusieurs de ses paysages, dont une vue de la cathédrale de Salisbury.

B. P.

Achille Etna Michallon

124 *Vue de la mer à Salerme,*
  1819-1820
  Huile sur papier marouflé sur toile, 26 x 38 cm.
  Paris, Musée du Louvre. RF 2870

L'attrait de l'Italie a toujours été très fort chez Michallon. En 1816, dans une lettre adressée au ministre de l'Intérieur, il exprime son profond désir d'aller étudier les monuments d'Italie sous le beau ciel qui les éclaire[1]. En 1819, il est à Naples. « Le pays est superbe et a l'aspect de l'abondance »[2], confie-t-il à un ami. Il sillonne alors la région, une boîte de couleurs dans son bagage. Suivant le conseil de Valenciennes, il réalise, « d'après nature », de nombreuses études de ruines, de monuments antiques, de cascades, de lacs et de vagues. Ici, Michallon représente un rivage. Il semble avoir tenu compte des observations de son professeur dans le « rendu » blanchâtre de l'écume au premier plan, et dans la subtile coloration de la mer due au reflet des nuages[3]. Le peintre travaille avec beaucoup d'adresse les différentes matières, jouant sur le contraste entre la dureté de la roche et la fluidité de l'eau.

B. P.

1. Archives de l'Institut de l'Académie des Beaux-Arts, 5E8.
2. Lettre de Naples du 20 mai 1819 (Fondation Custodia).
3. Valenciennes, 1800, p. 493.

Louis Gabriel Eugène Isabey

125 *Baie de Saint-Énogat,*
  Aquarelle, gouache, crayon noir, papier jaune, 23 x 35 cm.
  S. b. g., à la plume : "E. Isabey"
  Paris, Musée du Louvre. MI 961

Gustave Courbet

126 *Mer orageuse ou la vague,*
1870
Huile sur toile, 54 x 73 cm.
Orléans, Musée des Beaux-Arts. 314

Gustave Courbet

126 *bis* *La mer,*
vers 1872
Huile sur toile, 38 x 45 cm.
Caen, Musée des Beaux-Arts.

L'ordre moral de Michallon, la mystique romantique ont disparu au profit de l'existence pure. Ici, l'espace disparaît au premier plan, et la peinture est appliquée comme sur une vitre contre laquelle le peintre aurait collé son œil. Deux mouvements se rencontrent et se confrontent : celui de la mer et celui du peintre qui « saisit » la vague dans son élan, comme pour l'arrêter. Dépourvue de tout sentimentalisme, cette vague apparaît comme un acte pur, ce qui explique que Courbet l'ait peinte à plusieurs reprises en intérieur, notamment en prison. Pour Courbet, peindre est un acte de liberté. Et la mer, jamais défaite, sans cesse en mouvement, telle une grande respiration, est ici le symbole de l'énergie renouvelée. « Peintres, allez voir la mer, vous en reviendrez fortifiés », disait Odilon Redon.

L'infini

Huysman décrit les toiles de Turner comme « des paysages volatilisés, des aubes de plein ciel ; ce sont des fêtes célestes et fluviales d'une nature sublimée, décortiquée, rendue complètement fluide par un grand poète »[44].

Le panorama splendide, vaste comme l'océan, que Turner esquisse à la gouache dans la vue de Tancarville [fig. 16], traduit la fascination du peintre pour les estuaires. La dissolution des formes dans l'atmosphère au profit de la lumière est le signe d'une peinture de sensations, où la forme disparaît au profit de l'extase. À l'inverse de Claude Gellée qui peignait des ports vus de terre, où le soleil couchant semblait pousser la mer vers la rivière, Turner, subjugué par ce passage de l'étroit vers l'immense, du fini vers l'infini, peint le fleuve qui se jette dans la mer.

L'aquarelle, support de la transparence, est chez Turner [fig. 129] le moyen de suggérer le vide, ce qui fait dire au critique Hazlitt, en 1816 : « Tout cela est sans forme ni espace... Images du rien et de ses synonymes »[45].

La petite aquarelle de Paul Huet [fig. 130] illustre cette technique du flou et de l'invisible qui, chez Turner, est associée à des vues de ciel et d'eau. Dans la gouache de Saint-Malo d'Isabey [fig. 131], un mouvement nous projette vers le lointain, comme si le regard allait s'élancer vers le néant très blanc, situé au-delà de l'eau. Monet [fig. 132] obtient une perspective fuyante analogue par la convergence de la couleur et des lignes de la mer et du ciel. Notre œil s'engage vers le lointain, également blanc, – un blanc qui évoque l'immobilité, l'éternité, qui est la lumière venue de l'au-delà de l'atmosphère. Dans la peinture du ciel et de l'eau, un double mouvement conduit donc, au cours du XIXe siècle, de l'espace classique à l'infini abstrait ou, au contraire, au plan de la toile. Chez Constable, l'espace est projeté en avant, réduit par le nuage. Il est étendu à l'infini chez Turner.

À la fin du siècle, ces deux mouvements se traduisent chez Courbet, puis Cézanne, par une surface plane, sans recherche d'illusion, et, chez Monet, par la perte de tout repère, de toute limite. L'expérience immédiate, physique, devient le sujet de la peinture, qu'il

Louis Gabriel Eugène Isabey

131 *Rochers à Saint-Malo,*
Aquarelle, gouache, papier blanc,
19,5 x 32 cm.
S. b. g. : "E. Isabey"
Paris, Musée du Louvre. MI 919

Claude Monet

132 *Falaise près de Dieppe,*
Huile sur toile, 65 x 87 cm.
Nice, Musée des Beaux-Arts. 6170

Edgar Degas

134 *Marine, soleil couchant,*
  1869
  Pastel, 24 x 31 cm. (L. 240)
  États-Unis, Collection particulière.

John Constable

133 *Brighton Beach,*
  1824
  Huile sur toile, 12,1 x 29,5 cm.
  Londres, Victoria and Albert Museum.

s'agisse de réagir à la couleur, aux éléments, ou de peindre. Le sens de l'espace et de la couleur de Turner, le sens du vent de Constable, ont convergé pour créer dans la peinture anglaise des paysages de mer, des vues de ciel d'une facture entièrement nouvelle. Leur influence sur la peinture française repose sur des échanges d'idées, sur des rencontres rapides qui catalysent une démarche commune.

« Le romantisme n'est ni dans le choix des sujets, ni dans la vérité exacte mais dans la manière de sentir », disait Baudelaire[46]. Cette « manière de sentir » est marquée, pour les artistes sensibles à l'école anglaise, de Delacroix à Monet, par la sensation du vide, la recherche du flou, la pression du temps qui passe ; par ce « mal du siècle », en un mot, qu'Anna de Noailles exprimait en disant : « Nous n'aurons jamais plus notre âme de ce soir », et Delacroix en écrivant dans son journal, le 26 avril 1824 : « Le résultat de mes journées est toujours le même : un désir infini de ce qu'on n'obtient jamais, un vide que l'on ne peut combler, une extrême démangeaison de produire de toutes les manières, de lutter contre le temps qui nous entraîne. »

Sur le plan artistique pur, la peinture de Constable, *Brighton Beach* [fig. 133], nous semble ainsi très proche de celle de Degas, *Marine, soleil couchant* [fig. 134] : toutes deux, comme de nombreuses vues de Turner, illustrent cette phrase de Cézanne : « Lire la nature c'est la voir, sans le voile de l'interprétation, comme des taches de couleur se suivant selon les règles de l'harmonie ; peindre, c'est enregistrer des sensations colorées »[47]. Elles font aussi écho aux écrits esthétiques de Valéry : « Les formes informes ne laissent d'autre souvenir que celui d'une possibilité »[48].

Degas et le génie anglais

RICHARD KENDALL

« *I*l y a bien souvent comme l'exploitation d'un truc dans cet art anglais qui nous plaît tant. On peut mieux faire qu'eux et aussi fermement »[49], écrit à son ami James Tissot, en 1873, Edgar Degas qui a de bonnes raisons de s'inquiéter de l'impact des artistes et du marché de l'art anglais. La lettre est envoyée de la Nouvelle-Orléans, où Degas est allé se constituer « un petit bagage d'Anglo-Américains » ; elle renferme des détails sur sa dernière œuvre, *Le bureau de coton à la Nouvelle-Orléans, Cotton's buyers office*, conservée au musée de Pau[50]. Degas précise que ce tableau est « destiné à Agnew », le marchand d'art installé à Londres, et à Manchester. Il s'agit d'une nouvelle tentative du peintre pour se faire connaître et faire connaître son travail en Angleterre. Dans la même lettre, il mentionne les efforts de Charles Deschamps, représentant de Durand-Ruel à Londres, pour vendre ses toiles et note avec enthousiasme que Tissot vient d'en vendre une pour un prix fabuleux : « Neuf cents livres, mais c'est une fortune ! »[51]. L'incapacité de Degas à trouver preneur pour *Le Bureau de coton*, et surtout d'imiter « cet art anglais qui nous plaît tant » est bien connue, mais elle ne doit pas pour autant oblitérer ses contacts précédents avec l'Angleterre. Pendant plus d'une décennie, l'artiste en formation exprime un intérêt vif pour la peinture anglaise, ses peintres obscurs comme ses célébrités.

Le trait le plus étonnant de l'engagement de Degas auprès de l'école anglaise, est l'attention particulière qu'il porte au paysage. Au début des années 1860, marchant dans la campagne normande battue par la pluie, il note dans son carnet que le site est « exactement l'Angleterre », et lui rappelle « ces fonds de tableau de génie anglais, comme *La barrière* ou *L'ombre du cavalier, Le loup et l'agneau,* etc »[52]. Bien que les lavis à l'encre réalisés par Degas pendant ce séjour aient peu de rapport avec les œuvres mentionnées, une autre phrase en pattes de mouches de ce carnet révèle un lien plus tangible avec la peinture anglaise. Balayant du regard la plaine du Haras du Pin, où il vient d'observer des chevaux à l'entraînement, Degas remarque que la vue est « absolument semblable à celle des courses et des chasses anglaises coloriées »[53]. Écrite peu après ses premières représentations de chevaux (par exemple *Sur le champ de course,* Oëffentliche Kunstammlung, Bâle), cette note nous renseigne sur l'origine de bon nombre de ses compositions, y compris par des détails précis sur le lieu, les attitudes et les vêtements. Une étude plus poussée a montré que les lithographies et gravures d'artistes tels que Henry Alken et J. F. Herring, étaient, à l'époque, aussi connues des peintres que des amateurs de courses parisiens. James Pollard semble être parmi eux le favori de Degas. Les compositions de cavaliers, de jockeys tombés à terre et de groupes de spectateurs des œuvres de Pollard se retrouvent dans plusieurs tableaux de Degas des années 1865, de même que le paysage rural stylisé du fond des tableaux qui constitue le cadre habituel de ces scènes[54].

Mais les nombreuses scènes équestres de Herring et Pollard, ne sont pas un reflet fidèle de la peinture de paysage anglaise, et nous chercherons ailleurs les signes de son influence sur Degas. Nous n'avons, malheureusement, aucun témoignage de l'intérêt de Degas pour Cozens, Constable, Girtin ou Cotman, à l'exception de Turner, objet de son admiration des dizaines d'années plus tard[55]. Le plus déconcertant, ici, est le caractère imprévisible de cet intérêt de Degas pour ses collègues anglais. Ainsi, lorsqu'il visite le pavillon anglais à l'Exposition Universelle de 1867, son attention n'est-elle pas attirée par les peintures phares de l'époque, *Death of Chatterton* de Wallis ou *Last Day in the old Home* de Martineau, mais par des œuvres de peintres mineurs ou tombés aujourd'hui dans l'oubli. Dans son carnet de notes, Degas inscrit les noms suivants[56] :

James Clarke Hook
(1819-1907)

135 *Sea Urchins,*
1861
Huile sur toile, 51 x 84 cm.
Londres, Guildhall Art Gallery.

Inchbold	*Iles du Roi Arthur*
James C. Hook	*Pêcheurs*
Charles Lewis	*Pièce d'orge comté de Berkshire*
J. C. Hook	*Sea Urchins*
John Raven	*The Crops Green*
Arthur Severn	*Waves by Moonlight*
Alfred William Hunt	*Snowdon après la grêle*
Alfred P. Newton	*The Approach of Winter, Argyleshire Mountain Glory.*

D'abord publiée par Théodore Reff, cette liste paraît particulièrement obscure en raison de l'anonymat de certains exposants. Parmi les exceptions, l'œuvre de James Clarke Hook, *Sea Urchins*, peut être identifiée avec une relative certitude comme le tableau conservé sous le même titre à la Guildhall Art Gallery de Londres [fig. 135]. Cette œuvre pourrait avoir influencé Degas, dans l'attitude des personnages, pour *Scène de plage*, toile peinte deux ans après l'Exposition Universelle[57]. *Waves at Cannes* d'Arthur Severn [fig. 136] est réalisé quelques années plus tard, mais évoque un thème souvent repris par l'artiste et anticipé, peut-être, dans *Waves by Moonlight,* vu par Degas en 1867. Malgré les imprécisions, il est clair que toutes ces œuvres sont des études de la nature, des sommets enneigés aux plages, des cimes aux scènes de moisson, et que plusieurs sont situées dans des lieux spécifiquement anglais. On est frappé aussi par le caractère très nettement britannique de la sélection d'aquarelles notée par Degas, qui n'a pratiqué cette technique qu'occasionnellement pendant cette décennie, dans ses carnets et ses esquisses préparatoires. Mais que Degas soit à la recherche du « génie anglais » ou du « truc des Anglais », de marchés lucratifs ou de compositions imaginaires, il est manifeste qu'il garde l'œil sur ses concurrents d'Outre-Manche.

La première série de paysages importante achevée par Degas, est celle des pastels de Normandie, réalisés à la fin de l'été 1869[58]. Outre ses rencontres avec la tradition anglaise, Degas a déjà fait des études de ciel, à l'huile sur papier, lorsqu'il était élève en Italie ; il a copié des paysages de Fromentin, de Delacroix et du peintre écossais David

**Arthur Severn
(1842-1931)**

136 *Waves at Cannes,*
1883
Huile sur toile, 69,1 x 87 cm.
Liverpool, Walker Art Gallery. 299

Roberts, s'est familiarisé avec les travaux de Boudin, Courbet et Whistler, qui exerceront une influence durable sur son art. Son amitié avec le peintre d'origine américaine James MacNeill Whistler, déjà installé à Londres, semble forte pendant une courte période. Degas admire visiblement l'austère personnalité de certaines œuvres de Whistler, parmi lesquelles les vues très épurées de mer et de ciel, réalisées au contact de Courbet en 1865 [fig. 123]. L'ample composition de ces œuvres en larges bandes horizontales de couleurs, simplement interrompues par les masses de la terre ou les personnages, prépare sans nul doute Degas à la composition de ses propres études, telles que *Marine, soleil couchant* [fig. 134], réalisée quatre ans plus tard. Mais Whistler et Courbet ne sont pas les seuls à utiliser ce format. Une fois encore, nous voyons Degas examiner les œuvres moins connues d'artistes tels que Huet, Riesener et Chintreuil, et peut-être des aquarellistes qu'il avait admirés en 1867.

Marine, soleil couchant compte parmi les plus radieux et les plus intransigeants des pastels de la série 1869, alliant le goût du jeune Degas pour l'expérimentation à la maîtrise et la puissance de la maturité. Utilisant un papier bistre aux tons chauds, Degas applique très librement ses pastels de couleur, laissant des gris métalliques se mêler à des argent et des jaunes, des touches couleur terre de Sienne et vert donnant la profondeur. Une simple traînée plus sombre indique la plage, tandis que des éclats à l'horizon suggèrent les navires et créent une dimension panoramique. Ces trouvailles de génie n'empêchent pas que l'image reste animée d'une vie familière et sans prétention. Tout dans ce tableau, sa surface, ses similitudes avec la quarantaine d'autres pastels de la série, indique une exécution rapide, spontanée, chaque œuvre étant commencée, si ce n'est achevée, à l'extérieur. Très récemment encore, le flou de ces œuvres incitait les historiens d'art à les considérer comme des œuvres imaginaires, peut-être recomposées de mémoire après des vacances d'été. Il est aujourd'hui évident, au contraire, que cette série a été réalisée dans les petites stations balnéaires de Houlgate et de Villers-sur-mer, non loin du Cabourg de Proust et de la ville touristique de Trouville. Certains des pastels montrent sans nul doute des hôtels, des ports, des falaises et des villas que l'on peut toujours y voir, ce qui suggère que même *Marine, soleil couchant,* malgré l'absence de personnages, est le fruit d'une rencontre particulière avec la lumière, le sable et l'océan[59].

Les pastels de 1869 ont, à plus d'un titre, conduit Degas à définir un territoire thématique et technique nouveau, le plaçant à l'avant-garde du paysage contemporain, parallèlement à ses collègues pré-impressionnistes. À la différence des scènes hippiques, ces œuvres n'ont rien de commun avec une campagne « semblable à celle des courses et des chasses anglaises coloriées », ni avec les œuvres que le peintre a pu admirer dans les expositions ou les ateliers. Si elles s'inspirent de Courbet et Whistler, elles s'en éloignent également par leur caractère extraordinairement factuel, et semblent traiter d'événements météorologiques, plus que de crises existentielles. En cela, elles sont sans conteste plus proches des études de ciels de Constable, que Degas n'a guère pu connaître, voire de Lorenz Frolich, rencontré une fois, que du grandiloquent Chintreuil ou du romantique tardif Huet[60]. Plus troublante, peut-être, est leur proximité avec certaines des esquisses de couleur, – ces *colour beginnings* de Turner, qui pourraient bien avoir influencé Degas un peu plus tard, mais dont les esquisses et œuvres préparatoires lui étaient inaccessibles à cette date. Aussi tentant soit-il de considérer les pastels de Degas comme de simples études analogues à celles de Turner, il est très significatif qu'un certain nombre de ces séries soient signées, preuve évidente qu'il avait l'intention de les vendre ou de les exposer. Finalement, il les conserva presque toutes, mais il n'est pas impensable qu'il ait envisagé de les exposer peu de temps après les avoir achevées, alors que le souvenir de sa récente rencontre avec l'art anglais était encore vif. Dans une lettre de 1870, il exhorte le jury du Salon à reconsidérer son accrochage, et propose que ces dessins soient montrés sur des fonds spéciaux, à côté des peintures, « comme les Anglais l'ont fait à l'Exposition Universelle »[61].

(Traduit de l'anglais par Christine Kayser)

Notes

1. Robert Rosenblum, 1989.
2. *A New Method of assisting the Invention of drawing original Compositions in Landscape.*
3. Lucrèce, *De natura rerum,* cité par Hubert Damisch, 1972, p. 271.
4. *Essay on the Modifications of Clouds,* 1803.
5. R. Recht in *Le sentiment de la nature dans l'art occidental,* 1993, p. 14.
6. Tate Gallery, 1991, *Constable,* p. 228.
7. John Gage, 1993, p. 113.
8. Pour une analyse plus complète voir John Thornes, « Constable Clouds «, *Burlington Magazine,* nov. 1979, vol. CXXI.
9. Corot, Carnet, RF 8722, f°15 et 25 ; Chasseriau, recueil, RF 24828 et RF 26099.
10. C. Finch, 1991, p. 51.
11. L'étude approfondie de ces textes de Ruskin est dans Hubert Damisch, *op. cit.* 1972.
12. *Ibid.,* p. 273.
13. Robert Rosenblum, 1989, p. 220, note 122 et *Art Bulletin,* vol. XXXIX, déc. 1957, p. 285.
14. John Gage, 1993, p. 106.
15. *Ibid.,* p. 205.
16. Hubert Damisch, 1972, p. 258.
17. Pierre Miquel, 1962, p. 112.
18. Traduction de Christine Kayser.
19. Tate Gallery, 1991, *Constable.*
20. John Gage, 1993, p. 106.
21. H. Guicharnaud, 1984, *Catalogue de la collection Walter Guillaume,* p. 248.
22. W. Dewhurst, 1904, pp. 31-32 et Rewald, p. 355, cité par C. Lloyd, 1975, p. 725.
23. Leslie C. R., 1951, p. 123.
24. Alain Corbin, 1988, p. 316.
25. *From View to Vision,* 1993, p. 97.
26. Paul Jamot, 1923, p. 589.
27. « Therefore am I still, A lover of the meadows and the woods, And mountains ; and of all that we behold From this green earth ; .... Well pleased to recognize in nature and the language of the sense The anchor of my purest thoughts, the nurse, The guide, the guardian of my heart, and soul of all my moral being. » Traduction française de Christine Kayser.
28. Michaël Rosenthal, 1914.

29. Alain Corbin, 1988.

30. Dans son poème *Childe Harold*, Canto IV, in *Constable*, 1991.

31. Traduction de Christine Kayser.

32. Michaël Rosenthal, 1987, p. 171.

33. H. Loyrette, *Impressionnisme*, 1994, p. 359.

34. John Gage, 1993, p. 95.

35. « A kind of ingenious nonsense », in Abrams M.H., 1958, *The Mirror and the Lamp,* cité par John Gage, 1993, p. 107.

36. Le peintre américain Robert Motherwell en juge ainsi, disant de « l'école de New York » : « le plus important... a été le succès croissant du grand format. Le grand format en a terminé d'un coup avec cette tendance séculaire des Français à tirer la peinture moderne vers le domestique, vers l'intime. Nous avons remplacé la femme nue et la porte-fenêtre par un Stonehenge moderne, par un sens du sublime et du tragique qui n'existait plus depuis Goya et Turner », in *Art Forum* 4, n° 1, sept. 1965, p. 37 cité par L. Gowing, 1994.

37. Rewald, 1986, p. 169.

38. L. C. Perry, 1927, p. 120, cité par John Gage, 1993, p. 209.

39. J. Ruskin, 1857, I, § 5n, cité par J. Gage, 1993, p. 294 (130). Pour l'admiration de Ruskin à l'égard de Turner : « Introduced today to the man who beyond all doubt is the greatest of the age : greatest in every faculty of the imagination, in every branch of scenic knowledge; at once *the* painter and poet of the day, J. M. W. Turner » (J. Ruskin, *Diary,* 22nd June, 1840). « Is the only man who has ever given an entire transcript of the whole system of nature, and is, in this point of view, the only perfect landscaper painter whom the world has ever seen. »

40. W. Dewurst, 1911, p. 296, et Autret, 1965, 77ff, cité par John Gage, 1993, note 130.

41. Paul Jamot, 1923, p. 594.

42. E. Moreau-Nelaton, *L'œuvre de Corot.*

43. Alain Corbin, 1988.

44. Jauris Karl Huysmans, 1889, p. 202, cité par Hubert Damisch, 1972, *opus cit.,* p. 260.

45. « All is without form and void... Pictures of nothing and the very like », in *Fifty two Watercolours by Turner.*

46. J. Clay, 1980.

47. Doran, 1978, *Conversation avec Cézanne*, p. 36 et John Gage, 1993, p. 210.

48. Paul Valéry, *Œuvres,* Bibliothèque de la Pléiade, t. II, p. 1194.

49. Musée d'Orsay, 1989, *Degas Inédit*, Paris, p. 361.

50. *Ibid*.

51. *Ibid*.

52. Théodore Reff, 1976, *The Notebooks of Edgar Degas,* 2 vols, Oxford 1976 ; *Notebook* 18, p. 161. Reff identifie de façon convaincante les œuvres en question comme étant *Rustic Civility* de William Collins (Victoria and Albert Museum, Londres) et *The Wolf and the Lamb* de William Mulready (Royal Collection).

53. *Ibid*., *Notebook* 18, p. 163.

54. Richard Kendall, 1993, *Degas Landscapes,* Londres, pp. 66-7.

55. *Ibid*., p. 208.

56. Reff 1976 ; *Notebook* 21, pp. 31v et 31.

57. Voir Kendall 1993, pp. 115-8.

58. Pour une étude détaillée de ces œuvres, voir Kendall, 1993, chapitre 4.

59. Pour la comparaison avec des sites précis et des photographies contemporaines, voir Kendall, 1993, pp. 90-6.

60. Frohlich, peintre danois et illustrateur, plus âgé que Degas de près de quatorze ans, fit un certain nombre d'études à l'huile très vives, de ciel et de paysages. Degas semble l'avoir rencontré à Paris dans les années 1860 et lui avoir envoyé une longue lettre très personnelle de la Nouvelle Orléans, en 1872.

61. Théodore Reff, « Some unpublished Letters of Degas », *Art Bulletin*, mars 1968, p. 87.

Biographies

Jules Dupré
(Nantes 1811 - L'Isle-Adam 1889)
Après une première expérience de décorateur de porcelaine, Jules Dupré entre dans l'atelier du paysagiste Diébolt. Très vite, il préfère travailler seul, peignant sur le motif. Ami de Théodore Rousseau, il est l'un des artistes les plus représentatifs de l'École de Barbizon.
Lors d'un séjour à Londres en 1834, il découvre l'art des paysagistes anglais dont il s'inspire. À partir de 1850, il se retire à L'Isle-Adam. Ses dernières œuvres, empreintes d'un certain lyrisme dans la touche, sont marquées par l'impact des rivages de la mer du Nord.

William Wyld
(Londres 1806 - Paris 1889)
Wyld se destine à une carrière diplomatique et, en 1826, devient secrétaire du consul d'Angleterre à Calais, où il se lie d'amitié avec Louis Francia qui lui enseigne l'aquarelle. Dès 1832, il est introduit dans le cercle de Fielding et de Callow. Il connaît un grand succès en France. En 1839, il réalise une série de vingt lithographies des *Monuments et vues de Paris* et débute au Salon où il obtient une seconde médaille d'or en 1841. En 1855, il est fait Chevalier de la Légion d'honneur à l'Exposition Universelle de Paris, pour son influence sur l'aquarelle en France.

William Callow
(1812 - 1908)
Callow débute sous la direction de Théodore Fielding en 1823, qui lui enseigne les techniques de l'aquarelle et de l'aquatinte. En 1827, il travaille avec Thales Fielding. En 1829, le jeune peintre part pour Paris où il est chargé, par un artiste suisse, d'exécuter une série de gravures illustrant un ouvrage consacré à la Suisse. Là, il partage l'atelier de Newton Fielding, puis de Thomas Shotter Boys. Ce dernier l'initie à sa passion pour les aquarelles de Bonington, dont l'influence prédomine dans les œuvres de jeunesse de Callow. De son séjour en France, subsistent de nombreuses aquarelles de paysages de la région parisienne. Callow sillonne l'Europe et envoie régulièrement des études du continent à la Old Watercolour Society.

Auguste François Ravier
(Lyon 1814 - Moresel 1895)
Ravier débute sa carrière artistique en travaillant sur le motif, à Montmartre et dans la forêt de Fontainebleau. En 1834, il devient membre d'une congrégation religieuse, ce qui dénote déjà un tempérament mystique.
La même année, il rencontre Corot qui l'incite à se rendre en Italie. Suivant ses conseils, Ravier part à Rome en 1840. Curieusement, la grande révélation de ce séjour est la découverte des aquarelles de Turner. Ébloui par tant de luminosité, Ravier décide de centrer l'essentiel de ses efforts sur la représentation des ciels.

Dès son retour en France, il se retire à la campagne pour se consacrer entièrement à sa quête. Il s'installe à Crémieux en 1852, puis à Morestel en 1868. « Anachorète de la nature », selon sa propre définition, il semble rester en Isère jusqu'à sa mort, hormis un hypothétique voyage en Angleterre en 1874.

Achille Etna Michallon
(Paris 1796 - 1822)

Dès l'enfance, on décèle chez Michallon une prédisposition pour le dessin, et un goût prononcé pour la nature. À huit ans, il copie déjà des gravures de peintres paysagistes et parcourt la campagne en compagnie de sa mère. En 1808, il entre dans l'atelier d'Henry Mullard (1769-1850), puis devient l'élève de Bertin (1767-1842), en 1812. Parallèlement, il suit à l'École des Beaux-Arts, les cours de Valenciennes dont l'enseignement va considérablement influencer le jeune artiste. Au Salon de 1812, il expose trois paysages, et reçoit les encouragements de l'Académie. Michallon obtient, le 5 juillet 1817, le grand prix du paysage historique. Conformément à la tradition, il se rend un mois plus tard à Rome et s'installe à la Villa Médicis. Il consacre une partie de ses loisirs à écouter de la musique dans les salons anglais. Rencontre-t-il Turner, en voyage à Rome en 1819 ? C'est la question que soulève Blandine Lesage dans un article des dossiers du Louvre consacré au peintre.

Comme le conseillait Valenciennes[1], Michallon profite de son séjour italien pour découvrir de nouveaux paysages. Au mois de mai 1819, il décide de se rendre à pied jusqu'à Naples, afin d'en visiter les environs. Il projette même d'aller jusqu'en Sicile. Après son périple italien, Michallon regagne Paris et ouvre, en 1820, un atelier où il accueille le jeune Corot. Il meurt prématurément au même âge que Bonington, vingt-six ans, laissant derrière lui une œuvre inachevée et tellement prometteuse. On le considère souvent comme le « chaînon manquant », entre Valenciennes et Corot[2].

Paul Huet
(1803 - 1869)

Il naît la même année qu'Eugène Isabey. Après quelques études sur le motif, prises dans le parc de Saint-Cloud et dans l'île Seguin, Huet entre dans l'atelier de Pierre-Narcisse Guérin en 1818, puis dans celui de Gros en 1820. C'est là qu'il se lie d'amitié avec le jeune Bonington. Parallèlement, il suit des cours à l'École des Beaux-Arts en 1820, et à l'Académie suisse en 1822, où il rencontre Delacroix.

Au Salon de 1824, Huet s'enthousiasme pour les paysages de peintres anglais. La profonde admiration qu'il voue alors à Constable et Bonington, l'incite à copier leurs œuvres d'après des gravures.

En 1825, Huet se rend à Rouen avec Bonington. Ensemble, ils exécutent de nombreuses études sur le motif. La mort prématurée du jeune Anglais empêche les deux amis de renouveler l'expérience. Huet poursuit cependant ses voyages d'études, seul ou en compagnie d'autres artistes. Il travaille, en effet, avec Rousseau à Honfleur, et avec Isabey, puis Troyon, à Trouville.

L'Exposition Universelle de 1862 donne à Huet l'occasion de se rendre à Londres et d'admirer une nouvelle fois les œuvres de Constable et de Turner. Séduit par l'Angleterre, il décide de prolonger son séjour pour peindre quelques études du paysage de Cornouailles.

Théodore Rousseau
(Paris 1812 - Barbizon 1867)

Encouragé par sa famille, Théodore Rousseau s'inscrit en 1828 au cours des Beaux-Arts. Très vite, souhaitant fuir l'enseignement académique, il étudie les paysagistes hollandais au Louvre et les œuvres de ses contemporains anglais.

Avant de se fixer définitivement à Barbizon en 1848, il parcourt plusieurs régions françaises : l'Auvergne en 1830, la Normandie en compagnie de Paul Huet en 1844, et les Landes avec Jules Dupré en 1844. La nature est pour Rousseau une source d'inspiration intarissable. Il lui voue un culte panthéiste.

Camille Pissarro

(Saint-Thomas 1830 - Paris 1903)

Né aux Antilles, Camille Pissarro décide de se rendre à Paris pour parfaire sa connaissance de la peinture. À l'Exposition Universelle de 1855, il découvre Delacroix, Corot, Courbet et Daubigny. Il fréquente l'atelier d'Antoine Melbye aux Beaux-Arts et suit des cours à l'Académie suisse où il rencontre Monet. La guerre franco-prussienne l'oblige à gagner Londres en décembre 1870. Il y retrouve Monet et y fait la connaissance du marchand Durand-Ruel. Il découvre l'œuvre des paysagistes anglais et, particulièrement, celles de Turner et de Constable. Il retournera à Londres en 1892 et en 1897.

Claude Monet

(Paris 1840 - Giverny 1926)

Né à Paris, Claude Monet grandit au Havre. Il y rencontre Boudin qui l'emmène peindre sur le motif. En 1863, dans l'atelier de Gleyre, il fait la connaissance de Bazille, Renoir et Sisley.

La guerre de 1870 l'incite à fuir à Londres, où il retrouve Daubigny et Pissarro. Peu après son retour en France, il exécute son célèbre *Impression, soleil levant* (1872, Musée Marmottan) qui donne son nom au groupement impressionniste. Invité par Whistler, Monet retourne à Londres en 1887 puis, très brièvement, en 1888 et 1889.

De 1899 à 1901, Monet passe l'hiver dans la capitale britannique, afin de réaliser ses remarquables vues de Londres dans la brume.

Alfred Sisley

(Paris 1838 - Moret-sur-Loing 1899)

Bien que né à Paris, Alfred Sisley est de nationalité anglaise. En 1857, son père l'envoie à Londres faire des études de commerce, mais il préfère admirer les œuvres de Turner, Constable et Bonington.

À son retour en France, en 1861, il décide de suivre sa véritable vocation et entre dans l'atelier de Gleyre. En 1874, après avoir participé à la première exposition impressionniste, Sisley repart pour l'Angleterre. Il est invité par le baryton Jean-Baptiste Faure, grand collectionneur d'œuvres impressionnistes. À la différence de Monet, Sisley semble plus attiré par la banlieue que par la ville. Après un très bref séjour à Londres où il peint une vue de la Tamise, Sisley s'installe pour quelques mois à Hampton Court.

Six ans plus tard, Sisley séjourne dans l'île de Wight.

Son dernier voyage britannique date de 1897. Il réside alors à Penarth, dans le Pays de Galles.

Richard Parkes Bonington

(Arnold 1802 - Londres 1828)

Né à Arnold près de Nottingham, Bonington semble avoir reçu, dès son plus jeune âge, une formation artistique. Avant sa reconversion dans l'industrie textile, son père est en effet peintre de portraits et de paysages, et donne des cours de dessin dans un collège de jeunes filles.

En 1817, le jeune homme et sa famille gagnent la France, et s'installent à Calais pour y créer une maison de passementerie. C'est dans cette ville que Bonington rencontre l'aquarelliste Francia, dont l'enseignement aura un fort retentissement sur son œuvre.

Un an plus tard, la famille se rend à Paris. L'adolescent commence alors à travailler au Louvre, attiré surtout par les paysages flamands, puis il entre dans l'atelier de Gros, un des plus prestigieux professeurs de l'époque. Il y fait la connaissance de nombreux artistes dont certains, tels Isabey et Huet, deviendront des amis.

Dès l'été 1821, lassé des cours académiques, il part étudier le paysage normand. Pendant plusieurs mois, il parcourt la région, son carnet de croquis à la main.

Il expose pour la première fois au Salon de 1822, et obtient une médaille d'or à celui de 1824, aux côtés de son compatriote, Constable. La même année, il participe aux *Voyages pittoresques de l'ancienne France* de Charles Nodier et du baron Taylor.

En 1825, il séjourne quelque temps en Angleterre, en compagnie de Delacroix. À leur retour, Bonington consacre son temps à sillonner la côte normande avec Isabey, et la vallée de la Seine avec Huet. Il meurt à vingt-six ans. Son œuvre devait exercer une profonde influence sur nombre de ses contemporains.

John Constable
(East Bergholt 1776 - Londres 1837)

Constable commence à suivre des cours de peinture à la Royal Academy, en 1799. Très vite, il préfère se consacrer à l'étude directe de la nature et revient habiter dans la région de son enfance.

À partir de 1817, il présente ses paysages à la Royal Academy. Arrowsmith, un marchand de tableaux, le remarque et lui achète *La charrette de foin*. Exposée à Paris au Salon de 1824, l'œuvre de Constable est récompensée d'une médaille d'or et suscite l'enthousiasme de nombreux peintres français, dont Delacroix. La popularité de Constable s'accroît ensuite, en partie grâce à la publication d'*English Landscapes*, ensemble de gravures exécutées, par Lucas, d'après les tableaux du peintre, vers 1830.

Constant Troyon
(Sèvres 1810 - Paris 1865)

Troyon commence sa carrière dans les ateliers de la manufacture de Sèvres, comme décorateur de porcelaine. À ses heures de loisirs, il part dans la campagne exécuter des études sur le motif. Il fait alors la connaissance de plusieurs adeptes du pleinairisme, tels que Théophile Rousseau, Paul Huet, Jules Dupré et Diaz.

En 1833, il expose pour la première fois, au Salon, une vue de Saint-Cloud et deux de Sèvres. Lors d'un voyage en Hollande, en 1847, il s'enthousiasme pour les œuvres de Paul Potter et d'Albert Cuyp. Dès son retour, la présence animale s'amplifie dans son œuvre : il intègre de manière plus systématique, dans son paysage, des troupeaux de vaches et de moutons. En 1853, il part en Angleterre pour une quinzaine de jours, afin d'entrer en contact avec des marchands de tableaux. Il profite de son séjour pour admirer quelques paysages de Constable dont il loue particulièrement l'habileté technique.

Plusieurs années après, il revient en Angleterre, cette fois pour découvrir le pays. Très apprécié des Anglais, il expose à Manchester en 1859, et à l'Exposition Universelle de Londres en 1862.

Jean-Baptiste Corot
(Paris 1796 - 1875)

Corot est âgé de vingt-six ans, lorsqu'il devient l'élève de Michallon. Il exécute, sous l'œil avisé de son jeune professeur, son premier paysage de plein air, en région parisienne, à Arcueil. Quelques mois plus tard, il entre dans l'atelier de Bertin, ancien disciple de Valenciennes.

Au Salon de 1824, Corot est ébloui par les œuvres de Bonington et de Constable. L'année suivante, il se rend en Italie. Pendant trois ans, il se laisse imprégner par l'éclatante lumière de la Méditerranée. Il parcourt le pays, s'attardant surtout devant les différents sites recommandés par Valenciennes.

À son retour, il exécute quelques études sur le motif dans la forêt de Fontainebleau, pour élaborer ensuite, en atelier, un paysage composé.

Pendant la révolution de 1830, il voyage à Chartres, puis en Normandie.

En 1862, Corot passe quelques jours à Londres. Il se promène en bateau sur la Tamise, visite l'Exposition Universelle et la National Gallery. Il trouve le temps d'exécuter trois petites toiles représentant une rue de Londres, les bords de la Tamise et le Crystal Palace.

Eugène Boudin

(Honfleur 1824 - Deauville 1898)

En 1846, Boudin quitte sa petite boutique du Havre pour s'adonner à sa véritable passion, la peinture. L'année suivante, il gagne Paris. Il copie au Louvre les paysages des Flamands et des Hollandais, et approfondit l'étude de leurs œuvres lors d'un voyage dans le nord de la France et en Belgique.

Boudin partage son temps entre Paris et la Normandie ; il pose son chevalet en plein air, entre Le Havre et Honfleur. En 1858, il rencontre le jeune Monet et, l'été suivant, Courbet.

Pendant son séjour parisien de 1861, Boudin peint les ciels des compositions de Troyon et fait la connaissance de Corot et de Daubigny.

Sur les conseils d'Isabey, Boudin représente, à partir de 1862, les élégantes de la côte normande qui feront son succès.

Charles ou Jules Collignon

L'identité de Collignon, auteur de l'aquarelle conservée au Musée de Calais, est, en l'état actuel des connaissances, assez difficile à établir. En effet, deux artistes nommés Collignon, Jules et Charles, travaillent et exposent au même moment, les années 1830-1850, des paysages et aquarelles aux sujets similaires, vues de côtes du nord de la France et de Hollande, marines, petites scènes de la vie rurale (Charles Collignon, *Vue de la Seine près de Rouen, Marée basse au Havre,* Salon de Douai 1831 ; nombreuses marines aux Salons de Douai et Arras de 1833; Jules Collignon, *Coup de Vent,* aquarelle, Salon de Paris 1836, *Scène des dunes de Calais,* Salon de Boulogne-sur-Mer 1845).

David Cox

(Deritend 1783 - Birmingham 1859)

David Cox se forme dans le milieu de la peinture artisanale, liée à l'orfèvrerie, et devient peintre de décors de théâtre à Birmingham, avant de rejoindre Londres en 1804. Il suit alors des cours de dessin auprès de John Varley qui l'influence durablement. Dès 1808, Cox s'installe lui-même comme professeur dans le sud de Londres, à Dulwich. Il publiera d'ailleurs plusieurs manuels de leçons destinées à ses élèves.

David Cox expose avec les Associated Artists in Watercolours (dont il est le président en 1810), puis, à partir de 1812, il devient membre de la Society of Painters in Watercolours. Il voyage fréquemment dans le Pays de Galles et dans le nord de l'Angleterre, puis, à partir de 1826, sur le continent (Belgique et Hollande en 1826, Paris en 1829, de Boulogne à Dieppe en 1832).

Cox retourne s'installer définitivement à Birmingham, en 1841. En contact avec le peintre W. J. Müller qui l'initie à la peinture à l'huile, Cox pratiquera alors, jusqu'à la fin de sa vie, aussi bien l'aquarelle que la peinture.

Louis Francia

(Calais 1772 - Calais 1839)

Né à Calais en 1772, Louis Francia fait ses premières études dans sa ville natale et gagne l'Angleterre au tout début de la Révolution pour y poursuivre, comme les jeunes Calaisiens de la bonne bourgeoisie, sa formation. Il y restera plus de vingt-cinq ans. Il rencontre Joseph Charles Barrow qui l'engage comme assistant et l'introduit dans le cercle du Docteur Monro. En 1795, il expose pour la première fois à la Royal Academy. Il voyage dans toute l'île et expose régulièrement. Membre, en 1799, du Sketching Club puis de l'Associated Artists in Watercolours, il participe, aux côtés de Thomas Girtin, John Varley, Samuel Owen, David Cox, John Sell Cotman..., au spectaculaire développement de l'art de l'aquarelle en Angleterre. De retour à Calais en 1817, il accueille, quelque temps après, le jeune Richard Parkes Bonington, avant le départ de celui-ci pour Paris. Francia, lui, restera à Calais. Il envoie des œuvres à quelques salons de la région, mais jamais à Paris. Il participe activement à la vie de la cité, polémiquant souvent dans la presse locale et œuvrant pour la création d'un musée à Calais, dont il sera le premier conservateur peu de temps avant sa mort, en 1839. Par sa situation à Calais, il joue un rôle très important de contact entre les artistes anglais, qu'il connaît et qui retrouvent le chemin du continent après le long blocus, et les jeunes artistes français romantiques qui partent à la découverte de l'île britannique (Delacroix, Colin, Isabey...). Le Musée des Beaux-Arts de Calais conserve un important fonds de dessins de Louis Francia.

Thomas Girtin
(Londres 1775 - Londres 1802)
Ami de Turner avec qui il copia des aquarelles inachevées de Cozens, Girtin joue un rôle prépondérant dans le domaine de l'aquarelle.
Ses œuvres de jeunesse témoignent de l'influence d'Edwards Dayes, aquarelliste et topographe. Il fonde, avec Francia, une association d'artistes pratiquant l'esquisse, intitulée « The Brothers ».
Mort prématurément, il connut cependant une grande renommée et exposa à la Royal Academy.
De 1800 à 1802, il résida à Paris où il réalisa une série de croquis gravés à l'eau-forte, en préparation d'un projet portant sur une vue panoramique de Paris, dans la veine de son *Eidometropolis* de Londres.
Du point de vue technique, il libéra l'aquarelle, jusqu'alors dépendante du dessin topographique, et délaissa le procédé des monochromes colorés au profit de couleurs plus riches.

Anthony Vandyke Copley Fielding
(1787-1855)
Élève de John Varley. Durant sa longue carrière, il expose plus de 1 500 aquarelles à la Watercolour Society, à la Royal Academy et dans les Salons à Paris. Aquarelliste virtuose, il se spécialise bientôt dans les marines et les paysages, rapidement exécutés avec des couleurs vives.

Gustave Courbet
(Ornans 1819 - Tour de Peitz 1877)
L'œuvre de Courbet constitue un des manifestes du mouvement réaliste, l'artiste provocateur affectionnant les scènes de genre en milieu rural, la monumentalité des figures.
Cependant, le peintre aborde aussi le thème du paysage, et au cours d'une visite à Montpellier chez son protecteur Bruyas, il découvre la mer, immortalisée dans *Les bords de la mer à Palavas,* en 1854. Dès lors, durant plusieurs séjours sur les côtes normandes de 1857 à 1869, il n'a de cesse de peindre la mer, parfois calme, souvent tempétueuse (*La trombe,* 1865 ; *La vague,* 1870).
En 1859, à Honfleur, il fait la connaissance de Whistler, Monet et Boudin. En compagnie de ce dernier, il participe à l'Exposition Maritime Internationale du Havre de 1868. Puis, il se rend à Étretat avec Diaz et peint des marines où prédomine le motif du rocher. Courbet se rend à Londres en 1862.
La Commune le condamne à la ruine. Incarcéré à Sainte-Pélagie, il s'expatrie en Suisse en 1873.

James Holland
(Burslem 1800 - Londres 1870)
Holland débute sa carrière comme peintre de porcelaine dans son Staffordshire natal, puis à Londres où il vend des tableaux de fleurs.
Membre de la Watercolour Society, il se consacre, dès 1820, à l'aquarelle et à l'étude du paysage. À partir de 1830, il exécute quelques peintures à l'huile, et expose régulièrement à la Royal Academy de Londres.
Grand voyageur, il se rend plusieurs fois sur le continent, notamment à Paris en 1831, et réalise de nombreuses vues de villes où transparaît l'influence de Bonington.

Joseph Mallord William Turner
(1775-1851)
Étudiant à la Royal Academy en 1789, Turner se joint aux classes d'aquarellistes organisées par un mécène, le Docteur Monro, en 1794, et rencontre Girtin.
Sa carrière s'inscrit dans le cadre de la Royal Academy de Londres dont il est élu académicien en titre en 1802 et où il devient professeur de perspective (1807-1837). Membre honoraire de l'Académie de Saint-Luc, il se distingue par l'aspect novateur de sa peinture à l'huile et de ses aquarelles.
Infatigable voyageur, il vient en France dès 1802. Il entreprend des vues topographiques, s'intéresse à la vie locale, surtout à partir de son second voyage en Normandie, en 1821.
De 1826 à 1833, il réalise des esquisses pour des gravures de la série des *Rivers of France*.

Clarkson Stanfield
(1793-1867)
Fils d'un écrivain anti-esclavagiste, Clarkson est d'abord marin, puis apprenti d'un peintre en armoiries héraldiques, à Édimbourg. Il devient peintre de décors de théâtre à Édimbourg où il rencontre ainsi David Roberts, puis à Londres. Il expose des œuvres à l'huile à la Royal Academy en 1820 et devient membre fondateur de la Society of British Artists, en 1823. Élu membre associé de la Royal Academy en 1832, et académicien en 1835, il abandonne la carrière de peintre-décorateur en 1834.

Eugène Isabey
(Paris 1803 - Montévrain 1886)
Fils du peintre miniaturiste Jean-Baptiste Isabey, l'artiste puise son inspiration dans les paysages normands et bretons.
Comme de nombreux peintres, Isabey se rend en Angleterre où il découvre l'art de Bonington et de Turner. Dès 1824, au Salon, il met au point le thème de la marine, influencé par les deux maîtres anglais. De Bonington, Isabey retient le jeu des demi-teintes blondes et des lumières nacrées que l'on retrouve dans *Le pont de bois* (Paris, Musée du Louvre).
En 1821, Charles Nodier et le baron Taylor, accompagnés d'Isabey, visitent l'Écosse. Le peintre y est en contact avec les œuvres préparatoires de Turner pour la série de marines *Southern Coast*, grâce à des graveurs-éditeurs tels que W. B. Cooke. Isabey s'en inspire certainement dans sa lithographie de 1832, *Côte de Douvres*, où l'on retrouve le même traitement déchiqueté des vagues que dans la toile de Turner, *Pêcheurs sous le vent, par tempête* (Southampton, 1802).

Notes

1. Valenciennes, 1800, pp. 519-627.
2. Michallon, 1994, p. 157.

Bibliographie

Autret J., 1965, *Ruskin et les Français avant Marcel Proust.*

Bouret J., 1972, *L'École de Barbizon et le paysage français au XIXᵉ siècle*, Neuchâtel, Éditions Ides et Calendes.

Brettell R., 1990, *Pissarro et Pontoise,* Yale University Press et 1991, Valhermeil, édition française.

Clay J., 1980, *Le romantisme,* Paris, Hachette.

Corbin A., 1988, *Le territoire du vide*, Paris, Aubier.

Cundall H.M., 1929, *A History of British Water Colour Painting*, Londres, Batsford.

Damisch H., 1972, *Théorie du nuage*, Paris, Le Seuil.

Dewurst W., 1911, « What is impressionism ? », *Contemporary review*, XCIX.

Dubuisson A., et Hughes C.E, 1924, *Richard Parkes Bonington : his Life and Work.*

Dumesnil H., 1800, *Troyon, Souvenirs intimes*, Paris.

Finberg A.J., 1909, *A complete Inventory of the Turner Bequest*, The National Gallery, vol. II, Londres.

Finch C., 1991, *L'aquarelle au XIXᵉ siècle*, Paris, Londres, New York.

Gimpel R., 1963, *Journal d'un collectionneur*, Paris, Calmann-Lévy.

Gage J., 1993, *Colour and Culture*, Londres, Thames and Hudson.

Gowing L., 1994, *Turner : Peindre le rien*, Paris, Macula.

Harambourg L., 1985, *Dictionnaire des paysagistes français*, Neuchâtel.

Herrmann L., 1990, *The engraved Work of J.M.W. Turner,* Oxford, Phaidon Press.

House J., « New material on Monet and Pissarro in London in 1870-1877 », *The Burlington Magazine,* vol. LXX, octobre 1978, n° 907, p. 636.

Jamot P., 1923, « Corot, Rousseau et le paysage en France vers 1830 », *La revue de Paris,* n° 3, pp. 588-595.

Lemaître H., 1955, *Le paysage anglais à l'aquarelle, 1760-1851,* Paris, Bordas.

Leslie C.R., 1951, *Memoirs of the Life of John Constable, composed chiefly of his Letters*, Londres, The Phaidon Press.

Lloyd C., « Camille Pissarro and Hans Holbein the Younger », *The Burlington Magazine*, vol. CXVII, novembre 1975.

Miquel P., 1962, *Paul Huet*, Sceaux, Éditions de la Martinelle.

Miquel P., 1975, *Le paysage français au XIXᵉ siècle*, Paris.

Oppé P., 1952, *Alexander and John Cozens*, Londres.

Perry L.C., 1927, « Reminiscences of Claude Monet from 1889-1909 », *American Magazine of Art*, XVIII.

Pinault-Sorensen M., « Une nouvelle manière de voir », Actes du colloque international d'histoire des sciences et des techniques, Nantes 13-15 oct. 1994, *Les enfants du siècle, sciences et savants de l'époque romantique (1815-1830)*, université de Nantes, Département des Mathématiques (à paraître).

Pointon M., 1985, *The Bonington Circle*, Brighton, The Hendon Press.

Rewald J., 1986, *Histoire de l'Impressionnisme*, Paris, Albin-Michel.

Radisich P., « XVIIIᵉ Century, Plein Air Painting and Sketches », *Art Bulletin*, mars 1982.

Rosenblum R., 1989, *L'art au XVIIIᵉ siècle*, Paris, Gérard Monfort.

Rosenthal L., 1914, *Du romantisme au réalisme,* Paris, H. Laurens.

Rosenthal M., 1987, *Constable*, Londres, Thames and Hudson.

Scott B., « The Duchess of Berry as a Patron of the Arts », *Apollo*, octobre 1986, pp. 345-353.

Shanes E., 1994, *Londres impressionniste*, Paris, Éditions Abbeville.

Thornes J., « Constable Clouds », *Burlington Magazine*, vol. CXXI, 1979.

Valenciennes P.H., 1973, *Éléments de perspective pratique à l'usage des artistes*, Genève, Éditions Minkoff & Reprint.

Wilton A. et Lyles A., 1993, *The Great Age of British Watercolours, 1750-1880*, Éditions Prestel, Londres.

Wilton A., 1979, *The Life and Work of J. M. W. Turner*, Londres, Academy Edition.

CATALOGUES D'EXPOSITION

Achille Etna Michallon, 1994, Pomarède V., Lesage B., Stefani C., Paris, Musée du Louvre, RMN.

Art in the Making, 1990, Bomford D. et al., Londres, National Gallery.

*Catalogue de la collection J. Walter et P. Guillaume,*1984*,* Hoog M., 1984, Paris, Musée de l'Orangerie, RMN.

Constable, 1991, Londres, Tate Gallery.

Désir de rivage de Granville à Dieppe. Le littoral normand vu par les peintres entre 1820 et 1945, 1994, Caen, Musée des Beaux-Arts, RMN.

D'Outre-Manche, 1994, Paris, Musée du Louvre.

From View to Seeing, 1993, Manchester, Whitworth Art Gallery.

Gustave Courbet (1819-1877), 1977-1978, Paris, Galeries Nationales du Grand-Palais, RMN.

Impressionnisme : les origines 1859-1869, 1994, Paris, Galeries Nationales du Grand-Palais et New York, Metropolitan Museum of Art.

James Tissot, 1836-1902, 1985, Paris, Galeries Nationales du Grand-Palais, Londres, Barbican Art Gallery et Manchester, Whitworth Art Gallery.

J. M. W. Turner, 1983-1984, Paris, Galeries Nationales du Grand-Palais, RMN.

J. M. W. Turner, 1775-1851 : aquarelles et dessins du legs Turner, collection de la Tate Gallery, Londres, 1994, Charleroi, Palais des Beaux-Arts.

Le sentiment de la nature dans l'art occidental, 1993, Recht R., Tokyo, Musée Kobu.

*Les Anglais à Paris au XIXe siècle,*1994, Leribault C., Paris, Musée Carnavalet.

Richard Parkes Bonington. Du plaisir de peindre, 1992, Noon P., Paris, Musée du Petit-Palais, RMN.

Sisley, 1992-1993, Paris, Musée d'Orsay.

Turner en France, 1981, Paris, Centre culturel du Marais.

*Un certain charme britannique,*1991, Autun, Musée Rolin.

Index
des œuvres exposées

RICHARD PARKES BONINGTON (1801-1828)
Moulins à vent dans le nord de la France, 1827-1828, fig. 48
Marine au ciel clair, fig. 74
Barque sur une mer un peu agitée, 1818-1819, fig. 78
The Undercliff, 1828 (Au pied de la falaise), fig. 101

EUGÈNE BOUDIN (1824-1898)
Étude de ciel, fig. 51
Dans les prés, fig. 80
Rivage et Ciel
Huile sur papier, 22,5 x 30 cm.
Griffe de l'Atelier E.B., b.d.
Paris, collection particulière, avec le concours de la Galerie Schmit.
Mer déferlant sur une plage, ou La falaise
Aquarelle, mine de pomb, rehauts de gouache blanche, papier beige,
26 x 41,2 cm.
Au verso, inscription à la mine de plomb, h. g. : « Perrey 7 bre 46 » (ou Jersey ?)
Paris, Musée du Louvre. RF 22685

WILLIAM CALLOW (1812-1908)
Marly from Saint-Germain, 1830, fig. 8

CHARLES COLLIGNON (peintre vers 1830-1850)
Les falaises d'Étretat par temps de tempête, fig. 103

JOHN CONSTABLE (1776-1837)
Mill on the Banks of the Stour, 1802 (Moulin sur les rives de la Stour), fig. 46
Study of Cirrus Clouds, 1822 (Étude de cirrus), fig. 52
Study of Sky and Trees with red House at Hampstead, 1821
(Étude de ciel et d'arbres, maison rouge à Hampstead), fig. 53
Paysage aux nuages noirs, fig. 86
Branch Hill Pond, Evening, 1821-22 (Mare à Branch Hill, le soir), fig. 89
Baie de Weymouth, fig. 99
Salisbury from the South, 1820 (Salisbury vue du sud), fig. 128

CAMILLE COROT (1796-1875)
Rosny, le château de la duchesse de Berry, 1840, fig. 22
Vue générale de la ville de Saint-Lô, 1833, fig. 127

GUSTAVE COURBET (1819-1877)
Mer orageuse ou La vague, 1870, fig. 126
La mer, vers 1872, fig. 126 bis

DAVID COX (1783-1859)
Paysage d'estuaire, fig. 76
The Beach at Rhyl, 1854 (La plage de Rhyl), fig. 84
Fort rouge, Calais, 1833, fig. 81

EDGAR DEGAS (1834-1917)
Marine, soleil couchant, 1869, fig. 134

EUGÈNE DELACROIX (1798-1863)
Vue de Paris, fig. 32
Falaises, fig. 77

LOUIS DUCIS (1775-1847)
Louis XVIII au balcon des Tuileries, 1823, fig. 57

JULES DUPRÉ (1811-1889)
Soleil couchant après l'orage, fig. 91

ANTHONY VANDYKE COPLEY FIELDING (1787-1855)
Landscape with Figures (Paysage avec personnages), fig. 79

JEAN-HONORÉ FRAGONARD (1732-1806)
Le gué, fig. 44

LOUIS FRANCIA (1772-1839)
Navire échoué après un orage, vers 1808, fig. 104

THOMAS GIRTIN (1775-1802)
Street Scene near Paris, 1802 (Scène de rue près de Paris), fig. 17

FRANCOIS MARIUS GRANET (1775-1849)
La pièce d'eau des Suisses, Versailles, fig. 97
Les bois de Satory, fig. 98
Une prairie entourée d'arbres,
Aquarelle sur traits à la mine de plomb, 11 x 18,1 cm.
S. d. b. g., à la plume : « Granet 1837 »
Paris, Musée du Louvre. 26 881 ter

JAMES HOLLAND (1800-1870)
Grosse Horloge in Rouen
Crayon et gouache sur papier brun, 49 x 34 cm.
Londres, Victoria and Albert Museum. P 25-1968

PAUL HUET (1803-1869)
Vue de la vallée et du château d'Arques, près de Dieppe, 1840, fig. 107
Matin heureux, fig. 109
Porte de Saint-Moret, 1826, fig. 110

Troupeau dans un vaste herbage
Aquarelle, 16,1 x 24,1 cm.
Paris, Musée du Louvre. RF 1.5.860

CLAUDE HUGARD (1818-1885)
Inondation à Chamouny, 1855, fig. 59

LOUIS GABRIEL EUGÈNE ISABEY (1803-1886)
Marché à Calais, fig. 23
Marine, baie de Saint-Malo au fond le Cap Fréhel, fig. 82
Vue prise de la côte de Normandie, fig. 102
Baie de Saint-Énogat, fig. 125
Rochers à Saint-Malo, fig. 131

Plage à Saint-Servan
Aquarelle, gouache, papier jaune, 19,4 x 35 cm.
S. b. g., à la plume : « E. Isabey »
Paris, Musée du Louvre. MI 924

JEAN-ABEL LORDON (né en 1801)
Attaque de la caserne de la rue de Babylone, 1830, fig. 58

ACHILLE ETNA MICHALLON (1796-1822)
La campagne de Naples, 1819-20, fig. 55
Vue de la mer à Salerme, 1819-20, fig. 124

GEORGES MICHEL (1763-1843)
Aux environs de Montmartre, fig. 49

CLAUDE MONET (1840-1926)
Les coteaux près de Vétheuil, fig. 118
Falaise près de Dieppe, fig. 132
La Seine, vue des hauteurs de Chantemerle
Huile sur toile, 14,4 x 22,3 cm.
Rouen, Musée des Beaux-Arts. D.952.3

CAMILLE PISSARRO (1830-1903)
Paysage à Pontoise, 1872, fig. 68
Rivière ou Vue d'un port, fig. 65
Après la pluie, Pontoise, 1876, fig. 64

AUGUSTE FRANCOIS RAVIER (1814-1895)
Paysage au crépuscule, fig. 93
Un étang, au-delà une plaine, fig. 94
L'étang de l'Aleva, harmonie bleue, fig. 95
Vue de l'étang de l'Aleva au soleil couchant, fig. 96

Étang de l'Aleva
Aquarelle, 21,3 x 32,8 cm
S. b. d., à la plume : « Ate. Ravier »
Paris, Musée du Louvre. RF 3443

THÉODORE ROUSSEAU (1812-1867)
Paysage d'Auvergne, fig. 90

ALFRED SISLEY (1839-1899)
La Seine à Suresnes, fig. 61
La Seine à Suresnes ou à Bougival, Port-Marly gelée blanche, 1872, fig. 63
La Seine, vue des coteaux de By, 1881, fig. 121

GEORGES CLARKSON STANFIELD
Boats at the Entrance to Harbour (Bateaux à l'entrée du port)
Aquarelle, 8,9 x 13 cm.
Londres, Victoria and Albert Museum. E 1407-1948

CONSTANT TROYON (1810-1865)
Le bac, fig. 112
Marine, deux barques sur l'eau, village, fig. 116
Vue des environs de Sèvres, fig. 120

JOSEPH MALLORD WILLIAM TURNER (1775-1851)
Paris : le Pont Neuf et l'Ile de la Cité, vers 1832, fig. 1
La lanterne de Saint-Cloud, vers 1832, fig. 2
Bridges at Saint-Cloud and Sèvres, vers 1832, fig. 3
Saint-Cloud, vers 1832, fig. 4
Saint-Germain-en-Laye, fig. 6
Saint-Germain-en-Laye, vers 1832, fig. 7
Mantes (ou Pont à Meulan), vers 1832, fig. 11
Between Mantes and Vernon (Entre Mantes et Vernon), fig. 12
Tancarville and Quillebeuf, fig. 16
Saint-Germain-en-Laye, vers 1830
Crayon encre et aquarelle sur papier bleu, 13,7 x 18,7 cm.
Londres, Tate Gallery. CCLX59, D 24895

PIERRE-HENRI DE VALENCIENNES (1750-1819)
À la Villa Farnese : l'arbre rose, fig. 50
Paysage montagneux baigné par la mer - l'arc-en-ciel
Huile sur papier marouflé sur toile, 40,5 x 53,6 cm.
Paris, Musée du Louvre. RF 2975
À la Fayolle, près de Nemi : collines boisées
Papier sur carton, 17,1 x 39 cm.
Paris, Musée du Louvre. RF 2997

CHARLES VIOT
Le Mont Saint-Michel, 1838, fig. 85

WILLIAM WYLD (1806-1889)
The Tuileries Gardens, 1858 (Jardins des tuileries), fig. 19
Averse dans la campagne aux abords de Paris, fig. 92

Crédits photographiques

Cette exposition a été réalisée grâce au concours de :

DRAC Ile-de-France

The British Council

Conseil Général des Yvelines

FONDATION ELECTRICITE DE FRANCE
Délégation Régionale Ile-de-France

MARKS & SPENCER

Axa-Assurances

HERMÈS

Commissariat de l'exposition : Christine Kayser
Aménagement muséographique : Philippe Miesch
Service de presse : Sylvie Poujade, Bérénice Valentin, RMN, Unité Partenaire

ACHEVÉ D'IMPRIMER

SUR LES PRESSES

DE CALLIGRAPHY PRINT À RENNES EN AVRIL 1995

SUR PAPIER PÉRIGORD CONTRAST 150 G

DES PAPETERIES CONDAT

CONCEPTION GRAPHIQUE

RAYMONDE BRANGER-NAVE

DÉPOT LÉGAL 2e TRIMESTRE 1995